五南文庫 104

人類幸福論

（英）約翰．格雷（John Gray）◎著
張草紉◎譯

五南圖書出版股份有限公司

五庫文庫 104

人類幸福論

作　　者 （英）約翰．格雷（John Gray）
譯　　者 張草紉
發 行 人 楊榮川
總 經 理 楊士清
副總編輯 蘇美嬌
美編設計 謝瑩君
出 版 者 五南圖書出版股份有限公司
地　　址 106 台北市大安區和平東路二段 339 號 4 樓
電　　話 (02)2705-5066
傳　　真 (02)2706-6100
劃撥帳號 01068953
戶　　名 五南圖書出版股份有限公司
網　　址 http://www.wunan.com.tw
電子郵件 wunan@wunan.com.tw
法律顧問 林勝安律師事務所 林勝安律師
出版日期 2018 年 1 月初版一刷
定　　價 新臺幣 200 元

國家圖書館出版品預行編目資料

人類幸福論 / 約翰・格雷（John Gray）著；張草紉譯. -- 初版. -- 臺北市：五南，2018.01
面；公分. --(五南文庫；104)

ISBN 978-957-11-9396- 0（平裝）

1.

549.8　　106015703

寫於五南文庫發刊之際——
不信春風喚不回……

在各項資訊隨手可得的今日，回首過往書香繚繞情景，已不復見！網路資訊普及、媒體傳播入微，不意味人們的智慧能倍速增長，曾幾何時「知識」這堂課，也如速食一般，無法細細品味，只得囫圇嚥下！慣性的瀏覽讓知識無法恆久，資訊的光速致使大眾正在減少甚或停止閱讀。由古至今，聚精會神之於「閱」、頷首朗頌之於「讀」，此刻，正面臨新舊世代的考驗。

身爲一個投入文化暨學術多年的出版老兵，對此與其說憂心，毋寧說更感慚愧。自身的成長，得益於前輩們戮力出版的各類知識典籍。而今，卻無法讓社會大眾再次感受到知識的力量、閱讀的喜悅、解惑的滿足，這是以傳播知識、涵養文化爲天職的吾人不能不反躬自省之責。值此之故，特別籌畫發行「五南文庫」，以盡己身之綿薄。

文庫，傳自西方，多少帶著點啓迪社會大眾的味道，這是歷史發展使然。德國雷克拉姆出版社的「世界文庫」、英國企鵝出版社的「企鵝文庫」、法國伽利瑪出版社的「七星文庫」、日本岩波書店的「岩波文庫」及講談社的「講談社文庫」，爲箇中翹楚，全球聞名。華人世界裏商務印書館的「人人文庫」、志文出版社的「新潮文庫」，也都風行一時，滋養了好幾世代的讀書人和知識份子。此刻，「五南文庫」的出版，不再僅止於啓蒙，而是要在眾聲喧嘩、浮躁不定的當下，闢出一方閱讀的淨（靜）土，讓社會大眾能體驗到可藉由閱讀沉澱思緒、安定心靈，進而掌握方向、海闊天空。

五南出版公司一直致力於推廣專業學術知識，「五南文庫」則從立足學術，進而面向大眾除了古今中外歷久彌新的名著經典，更網羅當代名家學者的心血力作，於傳統中展現新意，連結過去與現在。人生是一種從無到有，從學習到傳承的不間斷過程。出版也同樣隨著人的成長而發生、思索、變化與持續，建構著一個從過去到未來的想像藍圖，從閱讀到理解、從學習到體會、從經驗到傳承，從實踐到想像。吾人以出版爲職責、爲承諾，正是希望能建構這樣的知識寶庫，希冀讓閱讀成爲大眾的一種習慣，喚回醇美而雋永的閱讀春風。

發行人 楊榮川

目錄

導讀——中譯本序

十八世紀下半期開始的英國產業革命，到了十九世紀最初二十五年已經全部完成。機器生產逐漸排斥了手工工作而在國內取得了統治地位。在這期間，英國的生產力有了很大的發展，資本主義（Capitalism）的工業企業大批出現。與此同時，英國的無產階級（proletariat：即勞動階級）隊伍也在不斷成長和壯大。

但是，英國的產業革命給廣大的工人所帶來的不是幸福，而是極端的貧困和深重的苦難。機器生產使廣大的小生產者陷於破產，使農民群眾失去了自己的土地。他們之中除了一部分進入工廠直接受資本家剝削外，其餘的變成了失業的常備軍，經常在饑餓邊緣掙扎。同時，新的工業裝備又使得資本家有可能雇用大批的女工和童工，並對他們進行極其殘酷的剝削。

十九世紀初期，英國工人的工作條件是十分艱苦的。他們一天工作十五六個小時，弄得精疲力盡，而所得到的報酬卻很微薄，僅夠維持最低的生活。他們的居住條件同樣也很惡劣，經常是一家數口擠在一個十幾平方公尺大小的房間裏。由於過度的工作，女工的早衰和童工夭折的現象十分嚴重。至於失業工人的境況更是非常悲慘。

失業、貧困、政治上的迫害，以及長期對法戰爭所造成的嚴重經濟後果，都促使英國無產階級對統治階級由內心的不滿而逐漸發展爲自發的鬥爭。不過，工人們在最初的時候還沒有認識到自己不幸的眞正根源，而把一切都歸咎於機器。因此，有一個時期，特別是在一八一一年至一八一二年間，工人搗毀機器的運動達到了相當廣泛的規模，直到一八一九年的工人運動之後，英國的無產階級在現實的教育之下才逐漸意識到自己的不幸並不在於機器，而在於不合理的資本主義制度。

以上就是英國烏托邦社會主義（utopian socialism）者約翰・格雷（John Gray）思想觀點形成的歷史背景。

約翰・格雷一七九八年生在蘇格蘭，卒於一八五〇年。幼年家貧，十四歲時就因生活所迫離開學校，到倫敦的一些大工廠和大商號中工作，開始獨立謀生。由於工作關係，他到過英國的許多地方，結識了各行各業的不少人士，有機會親眼看到資本主義制度的「嚴重缺陷」和廣大人民生活的貧困。後來，格雷對他所接觸到的這些實際情況進行獨立思考，並且在這一基礎上形成了自己具有鮮明特色的思想觀點。他曾這樣說：「我自己的一些觀點，無論全部或局部，都非剽竊自任何人的。」雖然，格雷在他活動的初期，曾經贊同並宣傳歐文的一些觀點，可是在某一些重大問題上，他始終同歐文（Robert Owen）有著嚴重的分歧。

一八二五年，歐文的忠實弟子亞伯拉罕・寇耳布在格拉斯哥附近創辦合作公社，格雷起初很想加入，後來由於在所有制的問題上和公社領導人發生意見分歧，結果沒有達到自己的目的。可是，就在同一年中，他卻寫了一本「專門爲了捍衛歐文計畫」的著作。這本書就是《人類幸福論》。

《人類幸福論》是英國早期烏托邦社會主義最卓越的文獻之一。由於它具有濃厚的革命氣息，同時又寫得深入淺出，文筆動人，引用的史料豐富詳實，因而成了十九世紀二十年代至三十年代英國工人們最喜愛的一本讀物。

格雷在《人類幸福論》中首先表述了自己對幸福的看法。他認爲人的需要有兩種：「一種是作爲有生命的生物所固有的需要；一種是作爲有理智的生物所特有的需要」。前者表現身爲人需要衣服、食物和住所；後者表現身爲人都具有求知欲。他說，在這兩種自然的需要沒有獲得滿足以前，人是不能得到幸福的。接著，格雷列舉了大量的事實來說明，人在資本主義制度下不是在物質需要上得不到滿足，便是在精神需要上得不到滿足。因此，他認爲在資本主義制度下，不管是富人或窮人都是不幸的。

正如英國別的烏托邦社會主義者歐文、湯普生（William Thompson）和布雷（John Francis Bray）一樣，格雷在批判資本主義制度時也是以亞當・斯密（Adam Smith）和李嘉圖（David Ricardo）的價值學說作爲武器的。格雷特別強調「生活所必需的一切東西，能使生活愉快和舒適的一切東西，都是人類的勞動創造出來的」（本書第三十七頁）。他把社會上每一個不參加生產工作的成員都叫做非生產者。這些人中除了向社會提供有益服務的醫生、藝術家和教師外，絕大多數都是無益的成員，他們都是靠生產階級而生活，也是向這一階級所徵收的一種「直接稅」。可是，在資本主義社會中，越是把自己的勞動貢獻給有益目的的人，越是受人鄙視，而越是能夠靠自己的財產來支配別人勞動的人，卻越是受人尊敬。格雷認爲這種現象是十分不合理的。他主張在未來的社會中，必須把這種情況整個顛倒過來。

在舊社會中，工人雖然創造了一切物質財富，養活了整個非生產階級，而自己卻過著衣不蔽體、食不果腹的生活。據格雷看來，其中一個原因就在於他們不能得到自己的全部勞動產品。在這裏，格雷引證了英國統計學家科胡恩的著作，指出英國生產階級在一八一二年生產了總數約為四億二千六百二十三萬零三百七十二英鎊的財富。生產階級中的每一個男人、每一個婦女和每一個兒童本來平均可以分到五十四英鎊。然而，他們實際上只從其中取得十一英鎊，也就是說，只取得他們本身的工作產出的五分之一稍多一些，其餘的部分都被非生產者用地租和利息的形式所奪走。

接著，格雷尖銳地批判了地租和利息的剝削性。他說，既然工作是財富的唯一基礎，那麼地主不參加任何田間的工作，到時候卻把別人的工作攫為己有，「這就是極大的不公平」。同樣地，他也譴責奪利的不義性。他認為，奪利是一種「用雖然合法但不公平的手段叫別人供養自己吃閒飯的方法」（見本書第七十九頁）。因此，他要求改變這種不合理的分配制度，讓工人有可能得到自己所創造的全部勞動財富，並用自己不需要的一部分工作產出去交換他們所需要的東西。格雷斷言，如果每一個男人、婦女和兒童每年再得到近四十英鎊的收入，那麼，他們就能夠綽綽有餘地購買生活上的一切必需品，自然，他們的生活也就會過得十分愉快。

格雷的《人類幸福論》最有價值的一面，在於它論證了價值是工人的勞動所創造的，揭露了工人所創造的價值絕大部分都為不參加生產的資本家和地主攫為己有，指出這是同以公平交換為前提的價值規律的要求背道而馳的，從而要求把工人所創造的財富全部歸還給他們。正如恩格斯對整個英國烏托邦社會主義所說的那樣，格雷也是「為無產階級的利益而利用李嘉圖的價值學說和剩餘價值學說，以攻擊資本主義生產」[1]的。

但是，我們在《人類幸福論》中也發現了作為烏托邦社會主義者的格雷的一般歷史侷限性和他的階級侷限性。

1 馬克思：《資本論》第二卷，人民出版社一九五三年版，編者序第十七頁。

我們知道，烏托邦社會主義者從來都不認爲自己僅僅是無產階級的利益代表者，而是以全社會各個階級的利益代表者自居的。他們宣稱，不但要改善「最受苦的」工人階級的生活，而且還要改善社會上養尊處優的那些成員的生活。這一點在格雷身上表現得最明顯不過。格雷一方面固然深切同情被剝奪去將近五分之四工作產出的生產者生活的貧困，另一方面卻又憐憫剝奪他人工作產出的非生產者處境的困難，認爲在充滿了競爭的資本主義社會中，「商人階級得到的財產數量，是他們的服務可能得到的最小數量」，「債主和房東得到的財富，是他們靠借貸和出租房屋可能得到的最小數量」（見本書第一一九－一二二頁）。在格雷看來，連這些人都不能算是幸福的。因此，格雷主張在未來的社會中不但要取消剝削，讓工人得到自己的全部工作產出，而且還應該廢除競爭，以便讓商人、債主和房東得到最大數量的收入。格雷這種同時要改善兩個利益完全對立的階級之狀況的想法，顯然是自相矛盾的。

不理解無產階級的世界性歷史使命，對階級鬥爭，特別是對政治鬥爭採取否定的態度，是整個烏托邦社會主義者的共同特點。這種傾向在格雷的身上也表現得很突出。格雷雖然對資本主義社會中人剝削人的現象進行了尖銳的批判，但他卻把剝削制度同剝削者嚴格劃分開來，認爲剝削的過錯在於制度，而不應歸罪於任何一個個別的人，甚至任何一個階級。因此，在他看來，「對於一個由於他無力判斷的情況而偶然處於壓迫者地位的人，哪怕懷有一點點的敵意都是非常不公平的。」（見本書第六十八頁）

從這一種觀點出發，格雷堅決反對暴力革命。他說：「我們最不贊成採取暴力手段來消除貧困；我們相信，暴力在任何時候都不能達到長期的改善。」（本書第七十八頁）在他的最後一本著作《社會制度》中，格雷竟要求人民停止進行任何政治爭論，甚至應放棄向議會遞交請願書的權利。在格雷看來，只要向人民指出眞理，說明目前制度的錯誤，並且提出一個較好的制度，似乎不需要經過任何政治鬥爭就可以從資本主義制度過渡到社會主義。由此不難理解，列寧爲什麼把整個烏托邦社會主義叫做「非政治的社會主義」[2]。

除了上面所說的烏托邦社會主義者所固有的歷史侷限性外，在格雷身上還存在著由於強烈的小資產階級傾向所產生的階級侷限性。這一點也是格雷同歐文發生主要分歧的所在。歐文把私有制看作人類一切災難的根源，因而堅決主張加以廢除，即便是小私有制也不例外；而格雷卻主張保存小私有制，也就是說要保存小商品生產的條件。他說：「這裏所談到的計畫，和歐文先生的計畫截然不同，但是我希望它將是有益的，它會向全世界證明，利益的一致跟個性和跟財產的差別完全是並行不悖的」（見本書第一三一頁）。這幾句話充分反映了格雷的上述見解。

聖西門、傅立葉和歐文這三大烏托邦社會主義者，都把按照社會主義合作的方式來組織生產看作一項首要任務。他們力圖透過提高工作生產率的途徑來消除社會的貧困，從而達到改善社會全體成員生活的目

2 《俄國社會民主黨人抗議書》。《列寧全集》第四卷，人民出版社一九五八年版，第一五二頁。

的，而格雷卻從深受市場價格波動之苦的小生產者之利益出發，把組織流通擺在首要的地位。他認為，「只有徹底改革商業制度才有可能使人們得到重大的福利」（見本書第一二六頁）。正是這一種觀點促使格雷後來在《社會制度》一書中提出「勞動貨幣」的學說，企圖在不觸動所有制的基礎上用「勞動貨幣」來克服商品銷售的困難，消除所謂貨幣對於商品的權力。

不過，格雷上述的錯誤見解，在《人類幸福論》中還不曾形成有系統的理論。在這本書裏占主導地位的，是對於資本主義制度的批評和對人剝削人之現象的揭露。正是基於這一個理由，格雷的《人類幸福論》一直被看作是英國早期烏托邦社會主義的一本優秀著作。

郭一民

一九六三年七月

原序

下面這篇文章是論文集的第一篇，這些論文將每隔兩個月左右發表一篇。這裏討論的一些問題，可能是依據跟整個教育制度向目前這一代人灌輸的觀念很不一致的觀點來加以探討的。因此，在那些尚未形成與自己青年時代最初印象相反的任何觀點的人看來，也許會覺得我們的見解是錯誤的。不過我們要問一下，上述見解果眞是錯誤的嗎？我們和傳統觀點不同的地方，主要在以下方面：在舊社會，人們受人尊敬的程度，是按照他們依靠自己擁有的財產能支配別人勞動的程度而定的。懶惰和不做事，無疑是受尊敬所必需的東西；人們受人鄙視的程度，是按照他們爲有益的目的所貢獻勞動的程度而定的。在新社會中，情形恰巧相反，我們願向所有的人保證重視他們對社會的服務，我們願按照人們爲人類幸福帶來的利益而給予他們尊敬，我們重視的並不是金錢，而是能改善人類體力、道德和智力狀況的每一樣東西。

引論

有一種我們賴以出生在世界上的力量，使人產生了要和別人聯合起來的願望，假如這是一個明顯事實的話，那麼這就表明，社會是人類的自然狀態。因此，如果社會上發生極端有害的混亂現象，如果有人得到一種可使其他各種人遭受殘酷壓迫的權力，那麼這就表明，要麼就是上帝創造人是要他們受苦，要麼就是人們還沒有認識到使人類社會變成幸福社會所應依據的那些原則。

假如人們從來沒有過社會生活，那麼他們的狀況與其他生物就未必會有什麼不同。他們從事一切勞動就只是爲了滿足自己基本的自然需要。由於每一個人只能擁有他靠自己的工作習慣所得到的東西，因此，他所得到的東西是很少很少的，甚至連生活必需品方面也是如此。人們的積蓄本身無論如何都不可能改善自己的狀況。然而，人類所獨有的互相交換勞動的意向，是使他們能夠不可比擬地超過一切無知生物的首要原因。

既然只是由於交換的緣故，才產生了一種使個別的人能夠強制地統治人民的力量，那麼爲什麼我們經常把我們的痛苦歸咎於政府的錯誤呢？請希望別人得到幸福的人們在這裏想一想，好好地考慮一下吧！請他們牢牢記住這樣一個事實：交換而且只有交換才是社會的基礎，人們之間其他的一切關係全都是建立在這個基礎上的！請他們首先記住這個事實的全部重要意義。如果他們能夠擺脫偏見，把自己原先對人類貧困的原因所持的結論丟開一會兒，如果他們願意耐心地、仔細地分析目前的商業制度，那麼他們就能在這個制度中找到造成人類本性某些可怕缺陷的原因。

慈善家經常企圖用亡羊補牢的方法來改善他人的生活狀況，這是徒然的。要使社會得到長期的好處，需要注意原因。然而我們的各種計畫主要只是用不徹底的措施來消除貧困。我們企圖依靠各式各樣的慈善機構的幫助來克服社會上的困苦，而這些慈善機構雖然表明了它們善良的願望，但同樣也表明了它們的無知；然而這種企圖是徒然的。但願能夠建立起消除產生人類災難原因的社會：這種社會不是給予貧乏的人幫助，而是消除貧乏的原因；這種社會並不用金錢來幫助窮人，而是消除了窮苦的原因；這種社會並不去捕捉小偷，而是消除了對偷盜的一切誘惑；這種社會的主要目的是在所有人之間平分幸福的好處，和睦地、和平地、一心一德地把人們聯合起來。只要能出現建立在這個原則上的社會，它就不再需要任何的幫助；它的成就將是這樣的：不經幾年以後，一切慈善機構，不管是什麼性質的，不管它們的目的是什麼，都將永遠關閉。

大自然的創造者——不管我們叫他什麼——把自己的特性賦予了他所創造的一切東西。只有了解這些特性，重視這些特性，我們才能夠使這些東西達到完善的程度，或者使它們接近完善的程度。他使植物具有自己的特性，因此在照料植物的時候，我們就要注意每一種植物的特點，就要在我們的知識和技藝可能的範圍內，保證每一種植物能得到它所需要的土壤、特殊的地勢和溫度。因爲我們知道，試圖叫它按照我們的意見去適應另外一種土壤、地勢或溫度，將會白費力氣。創造者使人類也具有自己的特性、自己的自然權利和使用這些權利的意向，因此如果我們想使人類達到按其天性所能達到的完善程度，或者至少接近這種完善的程度，那麼我們就應當使人類的一切規章制度能適應他們的天性。因為經驗經常能夠充分證明，我們不可能任性地用規章制度去束縛人類的天性而不破壞他們的幸福。使人類的天性服從於跟它相矛盾的法律、規章和習慣的企圖，縱然不是使人類遭受災難的唯一的根源，但也是主要的根源。在這方面沒有進行徹底改革以前，促使人類幸福的任何嘗試都不會有什麼結果。

我們知道得非常清楚，社會上一部分無知的人把那些贊成歐文的計畫的人稱做熱心人士；而歐文本人在這些人看來如果不是瘋子，便是空想家。我們試著來說明人們對他產生這種看法的原因，並且對或然率的問題稍微說幾句話。

未必會有兩種東西相互之間的區別比實際或然率和可能的或然率之間的區別更大：前者取決於某件事物的實際可實現性，後者取決於對事物基礎的認識。

只有不可能用一定的原因加以解釋的事物才是完全不可置信的。譬如，如果有人說，聖保羅教堂明年會自動搬到另一個地方去，這是完全不可置信的，因爲誰也不能想像它有進行這樣事情的力量，而沒有這種力量，自動遷移地方是不可能的。

隨著認識事物的困難逐漸減少，事物的可能性便變得越來越大了。譬如，如果有人對我們說，他發明了一種東西，利用這種東西他能夠在空中行動就像在水中行動那樣的方便，那麼對這種說法我們就不會持有像對待上面的例子那樣的態度了，因爲我們已經知道了能夠促使在這方面邁出第一步的那種力量。但是由於我們不知道用什麼方法能逆風行進，因此我們無論如何也不能完全相信這種說法，除非讓我們看到一種我們能賴以在空中朝著我們所希望的任何方向行進的新發明力量。

如果有一件事情，促使它產生的某種力量是容易解釋清楚的話，那麼這件事情就完全具有可能性。例如，我們能毫不懷疑地提出下面的說法，因爲我們能證明它的正確性：「每一個英國人都有可能得到一切生活舒適品。」在這種情況下，我們知道有一種力量，它使我們有可能創造出足夠的生活舒適品，甚至比滿足社會上每一個成員所希望得到的數量多兩倍的生活舒適品。我們知道，所有的人都願意得到這些生活舒適品，只要他們能夠得到的話。我們知道至今阻礙著廣大群眾得到這些生活舒適品的原因，並且將在這幾篇論文中加以充分的說明；我們還知道，用什麼方法能夠消除這個原因。我們有著取得財富的意願；我們有著創造財富的力量，我們知道各種計畫，使財富的分配能導致預期的結果。

然而這種說法必然會受到懷疑；如果不是這樣，那才奇怪呢！因爲我們可以毫不誇大地說，一百個人裏面，有九十九個人的見解是與剛才所說的或然率的要求或其他明智的原理不一致，而只和先例相符。可是哪兒有物質福利和財富均等的先例呢？

當我們聽到一件新的、完全出乎意料的事情時，我們最初的感覺是驚奇；這種驚奇的力量，正好經常跟我們聽到的事情與以前已經存在的、以前聽到的或預期的事情之間差別的大小成正比。但是當我們驚奇的心情稍稍變淡以後，那麼第一個問題將是：「這是怎樣發生的呢？」或者是（如果這僅是一個例外的話）：「這怎麼能發生呢？」如果我們後來明白，它的原因是與結果相符合的，我們就相信這件事，否則就不相信。因此，如果上面所說的是正確的（我們不怕任何反駁），那麼很明顯，要認識過去沒有先例的結果，首先必須了解產生這種結果的力量，然後才能使我們覺得它是可能的。因此，假如歐文的計畫現在爲大家所歡迎，那才眞正奇怪。因爲要在實際上得到一致的同意，它首先要被大家所理解。現在一千個人裏面沒有一個人能夠理解他在其中生長和受教育的現有制度。在這樣的情況下，甚至一萬個人裏面會有一個人理解歐文主張的制度嗎？然而儘管這樣，有無數人對問題甚至沒有做過一分鐘的考慮，卻指摘它是空想的、荒謬的。這唯一的原因，就在於人們一般都是受先例支配的；沒有先例，直接就表明它是不可置信的。在我們從來沒有聽到過氣球的事情，也從來沒有想到過氣球的事情之前，如果有人說，它比空氣更輕，能上升到比天上的雲更高的地方，大家就會把他當作瘋子。即使有某種論點能夠完全證實他的意見，也只會有少數人願意接受。

如果眞是這樣，那麼人們在聽到新的結果可能由新的情況所引起之後，要是他們並不透過揭示新說法與實際現實之間的區別途徑來做出自己的判斷，而是問：「這件事是由一種什麼樣的力量促成的？」然後只是在研究的基礎上決定原因與結果是否相適應，這樣，他們的行爲就會明智得多。這是對待事物的唯一明智的方法。然而廣大群眾並不努力去掌握這種方法。這就是社會輿論對新事物的看法經常不正確的原因，而且僅是由於這個原因，歐文才會被人稱作空想家，這些人不是過於懶惰，不想去分析他的計畫，便是沒有能力去理解這個計畫。

在開始研究人類幸福問題的時候，在分析問題的細節以前，先簡單地研究一下它的實質，也許是有好處的。這的確非常重要：因爲如果我們對所追求的目的沒有一個明確的概念，那麼我們就不能決定採取什麼手段來達到這個目的。因此我們要來確定一個標準，以便使我們能夠用來判斷人類的目的。

我們並不把「幸福」的概念用於非生物，因爲它們是什麼也感覺不到的：它們既不會感到快樂，也不會感到悲痛。它們既不會笑，也不會高興，因爲它們是沒有感覺的。由此可見，感覺是幸福和不幸的媒介；幸福存在於透過感覺的媒介作用而給予我們愉快的印象之中，不幸則是由於不愉快的印象而生的：我們感受幸福的程度，是受到我們的天性所能接受的愉快感覺之強度和數量的限制。

假定有一種生物，它與植物的區別僅在於它具有一種感覺——嗅覺。如果它從外界得到的印象與人們借助於同樣的感覺所得到的一樣，那麼該生物的幸福僅在於愉快地使用這一個器官。然而這種幸福是非常有限的。它無法與除嗅覺外還擁有聽覺的生物的幸福相比，因爲後者能接受數量較多的愉快感覺，能達到較高的幸福程度。

如果除此以外還有其他的感官，那麼，每一種感官都有可能接受千百種愉快的感覺，而對於這些感覺，我們上面提到的那種生物是絲毫不會感受得到的。

很明顯，幸福在於接受愉快的感覺，幸福的大小是由我們的天性所能接受的感覺人強度和數量決定的。

因此，一個受過腦力鍛煉的、有修養的人，他的性格還因受到愛情和友誼的陶冶而變得更加溫和，他就能比一個僅有感性的人達到更加高度的快樂和內心的滿足，而僅有感性的人的愉快則僅限於肉體的享樂。

但是由於感覺本身是被動的，它對於影響它的外界環境沒有任何權力，因此我們必須研究那些能夠促進幸福的環境。

每一個人都有自己獨特的性格，不同的人性格是各不相同的，雖然這種區別並不在於構成性格的因素不同，而是在於這些因素的力量強弱不同。這就造成了我們在才能上和愛好上的自然區別。我們現在要解決的問題是：爲了能達到幸福，或者換句話說，爲了得到最大量的愉快感覺和最小量的不愉快感覺，爲了只按照那些互相協調的愛好行事，爲了保存並在可能條件下加強這些愛好的力量，為了消除我們做了會遭受痛苦的一切事情，我們應當怎樣來支配我們的才能和愛好呢？

要是人們眞的願意明白，只有最後能帶來善行的東西才是正確的，帶來罪惡的是不正確的，善和惡之間的區別，僅在於前者增加人類幸福，而後者減少人類幸福——要是人們願意明白這一點，那麼他們在自己一生的任何場合都掌握了處世良方。

罪惡產生於對欲望不加約束的縱容；適度的滿足能給我們帶來快樂，而對這種快樂的回憶卻會使我們不知節制。

酗酒是一種罪惡，因爲它是與身體健康以及智慧的充分運用不相容的。不誠實是一種罪惡，因爲它是與可以總稱爲財富的享受資源不相容的。

然而，如果我們的愛好不夠強烈，不能使我們在它的滿足中找到樂趣，那麼即使協調地運用我們的才能也不可能產生多大的幸福：需要防止過度。如果我們老是不斷地吃東西，從來不知道什麼叫饑餓，食物就不能使我們產生快樂。爲了要享受樂趣，我們必須防止這種過度。

用不著進一步證明也很清楚，要得到幸福，就必須把得不到滿足便會帶來痛苦的一切欲望連根剷除。有了欲望而自己又不能使它得到滿足，這對我們來說當然是很可悲的。

然而，我們經常聽到這樣的意見：幸福在於對某種東西的追求，而並不在於擁有它。的確，在目前的社會制度下，人不是明智的生物。他還沒有學會理解自己的天性並且按照自己的天性來行事，他沒有學會在能找到幸福的地方去尋找自己的幸福：他的一切才能都被帶入錯誤的軌道。因此，他把自己的精力耗費於取得那些（他的理智能告訴他什麼！）不能帶來任何眞正滿足的東西！

請看看我們的社會教育機構，並且請告訴我們，有哪一個機構能爲人類的才能指出明智的方向呢？難道它們不是把青年的思想引向戰爭和謀殺的邪念嗎？因此，千百萬人被慫恿去當兵：在人們心中煽起了虛榮心，這種虛榮心使人在消滅別人的事業方面尋求自己的幸福！當他把自己一生中的大好時光貢獻給這種使命之後，最後他會高聲長歎：「一切都是空中樓閣，一切都是過眼雲煙！」

然而，絕大部分人被慫恿在追求財富中去找尋幸福。但是由於他們從來沒有懂得怎樣正確地使用財富，因此財富經常給他們帶來麻煩。認爲幸福只在於追求某種東西而並不在於占有它，這種觀點是建築在錯誤的基礎上的。我們中間哪一個人在瀕於餓死和渴死的時候，會在謀取食物和飲料時比享用它們時得到更大的樂趣呢？我們中間哪一個人在惡劣的天氣中被雨淋得渾身溼透、並且凍得發僵的時候，會在找尋壁爐時比享受它的愜意的溫暖得到更大的快樂呢？我們中間有什麼人在做過一件好事以後沒有得到快樂，反而感到失望呢？

因此，必須消除認爲幸福僅存在於概念中的錯誤見解！我們今後將要在依照理智的囑咐才能找到它的地方去找尋幸福。我們要學會正確地認清一切事物的價値，不要愚弄自己，不要去追逐幻影，因爲幻影是會破滅的，會給我們帶來失望！

由此可見，幸福——人類一切企求的最終目的——在我們的自然需要沒有得到滿足以前，是無法達到的。因此我們首先要研究後者的本質。

人的需要有兩種：一種是作爲有生命的生物所固有的需要；一種是作爲有理智的生物所特有的需要。第二種需要本身又可以分成兩類：一類是隨著人的誕生而一起產生的，是與人不可分割的；另一類是由於教育、習慣、周圍人們的榜樣或影響而獲得的。至於後面這些需要，最重要的是人們必須只獲得那些與天性賦予他們的需要相協調的東西。關於這些東西這裏先不多說，因爲它們是隨周圍的各種條件而轉移的，沒有固定的形式。至於第一種需要，很明顯，人作爲有生命的生物需要食物、衣服和住所；他所處的地位必須使他有可能養活自己，如果他有家庭的話，還要養活自己的家庭；他必須能夠以適度的勞力做到這一點，並且毫不擔心自己的努力會達不到期待的目的。身體健康和力氣是獲得幸福所必需的重要條件；它們是與過度的體力工作和腦力的高度緊張不相容的。人的精神需要表現在他的求知欲上。人的天性使所有的人都具有求知欲；然而我們要在精神上得到幸福，那麼必須使智慧的種子——

求知欲——開花結果，否則它會白白埋在那裏，得不到什麼益處。人類追求的偉大目的在於滿足這些需要。我們要研究，我們的努力對滿足這些需要究竟合適到怎樣的程度；因爲如果它們已經明智地、合理地得到了滿足，那麼歐文提出的新制度就用不著了。

我們請求讀者首先和我們一起來分析目前占統治地位的商業制度，它的重大任務是要保證人們能得到食物、衣服和住所。

對社會的一般概述

生活所必需的一切東西，能使生活愉快和舒適的一切東西，都是人類的勞動創造出來的。第一種是用於翻耕土地的勞動；第二種是爲解決生活需要而使土地生長出果實並使之適合於生活需要的勞動；第三種是用於分配以上兩種勞動產品的勞動。這是人生最重要的三件工作。此外還有三件工作：社會的管理或維安勞動，教育和娛樂，以及醫務工作。社會的每一個不參加前面兩種工作之一的成員，是社會的非生產者。社會的每一個非生產者都是對生產階級所徵收的直接稅。社會的每一個非生產者，如果他對自己所消費的東西不給予補償，都是無用的成員。

這是一些十分明顯和重要的眞理，任何一個明智的人略經考慮都應當相信。因此，我們對人類的活動，除了用把它和這個眞理對照的方法以外，不可能有更好的評判方法。

現在我們請讀者看一下對一八一二年英國全國居民分類的一般概述。這些資料，我們要感謝一八一四年科胡恩（Colquhoun）發表的有高度價值和內容豐富的統計著作。不能認爲科胡恩的原理完全沒有錯誤，不過我們的目的只在於說明我們所遵循的基本原則；即使我們從科胡恩的著作中引錄的資料不夠精確，甚至有數百萬的差額，它還是能相當明顯地表明目前制度的性質。

圖表中列出一八一二年英國和愛爾蘭全體居民的組成並指出每一個階級的收入。圖表中把既是非生產者而又是社會無用成員的人，單獨分列出來。

編號	等級和地位	大約人數	每個階級的總收入（英鎊）	每一個男人、婦女、兒童（包括僕人）的年度收入（英鎊）	社會無用成員的大約人數	無用階級的收入（英鎊）
1	2	3	4	5	6	7
	王室					
1.	國王、王后及他們的公主	50	146,000	2,920	—	—
2.	攝政王、太子妃和查羅德公主	50	172,000	3,440	—	—
3.	王族中的其餘王子和公主	200	183,000	915	—	—
	高級貴族					
4.	世俗貴族（包括自己有貴族稱號的婦女）	12,900	5,160,000	400	12,900	5,160,000
5.	教會貴族或主教	720	240,480	334	720	240,480

編號	等級和地位	大約人數	每個階級的總收入（英鎊）	每一個男人、婦女、兒童（包括僕人）的年度收入（英鎊）	社會無用成員的大約人數	無用階級的收入（英鎊）
1	2	3	4	5	6	7
	下級貴族					
6.	二等男爵	12,915	3,022,100	234	12,915	3,022,110
7.	騎士及其隨從	110,000	22,000,000	200	110,000	22,000,000
8.	有固定收入的紳士和夫人	280,000	28,000,000	100	280,000	28,000,000
	國家機構和財政機關					
9.	高級文職人員	24,500	3,430,000	140	12,250	1,715,000
10.	次級文職人員	90,000	5,400,000	60	45,000	2,700,000

編號	等級和地位	大約人數	每個階級的總收入（英鎊）	每一個男人、婦女、兒童（包括僕人）的年度收入（英鎊）	社會無用成員的大約人數	無用階級的收入（英鎊）
1	2	3	4	5	6	7
	陸軍					
11.	軍官，包括外科醫生、軍需官、工程師、炮兵軍官、參謀等	40,000	4,200,000	40	20,000	2,100,000
12.	正規軍和民兵的普通士兵，包括軍士、炮兵和工兵	450,000	9,800,000	9	225,000	4,900,000
	海軍					
13.	海軍軍官、外科醫生、財務員等	25,000	2,095,000	50	12,500	1,047,500
14.	軍艦和商船上的海員	320,000	7,204,680	10	160,000	3,602,340
	領取一半薪資者等等					

編號	等級和地位	大約人數	每個階級的總收入（英鎊）	每一個男人、婦女、兒童（包括僕人）的年度收入（英鎊）	社會無用成員的大約人數	無用階級的收入（英鎊）
1	2	3	4	5	6	7
15.	領取一半薪資的退伍軍官、海陸軍醫生，領取養老金或撫恤金的年老軍官、退伍的軍隊教士、軍官的寡婦孤兒	14,500	856,600	20	—	—
	領取退休金者					
16.	契爾西醫院領取退休金者，格林威治、契特姆等醫院領取退休金者（住院的和不住院的）	92,000	630,000	4	—	—
17.	上述領取退休金者除退休金外另有收入者	—	420,000	2	—	—
	僧侶					
18.	高級僧侶	9,000	1,080,000	120	9,000	1,080,000

編號	等級和地位	大約人數	每個階級的總收入（英鎊）	每一個男人、婦女、兒童（包括僕人）的年度收入（英鎊）	社會無用成員的大約人數	無用階級的收入（英鎊）
1	2	3	4	5	6	7
19.	下級僧侶	87,500	3,500,000	40	—	—
	司法系統					
20.	法官、律師、訴訟代理人，書記官等	95,000	7,600,000	80	95,000	7,600,000
	醫藥界					
21.	醫生、外科醫生、藥劑師等	90,000	5,400,000	60	—	—
	藝術界					
22.	藝術家、雕塑家、雕刻家等	25,000	1,400,000	56	—	—

編號	等級和地位	大約人數	每個階級的總收入（英鎊）	每一個男人、婦女、兒童（包括僕人）的年度收入（英鎊）	社會無用成員的大約人數	無用階級的收入（英鎊）
1	2	3	4	5	6	7
	農業、礦場等					
23.	大地主	385,000	19,250,000	50	385,000	19,250,000
24.	小地主	1,050,000	21,000,000	20	525,000	10,500,000
25.	承租人	1,540,000	33,600,000	22	770,000	16,800,000
26.	在田地、礦井、礦場工作的工人，包括女工	3,154,142	33,396,795	11	—	—
	對外貿易、航運、工業和商業部門					

編號	等級和地位	大約人數	每個階級的總收入（英鎊）	每一個男人、婦女、兒童（包括僕人）的年度收入（英鎊）	社會無用成員的大約人數	無用階級的收入（英鎊）
1	2	3	4	5	6	7
27.	大商人、銀行家等	35,000	9,100,000	260	26,250	6,825,000
28.	進行海外貿易的較大商人（包括經紀人）	159,000	18,354,000	112	119,700	13,765,500
29.	利用技藝和資本當工程師、土地測量員、承包人等的人	43,500	—	60	32,625	1,957,500
30.	把資本用於建造和修理遠洋輪船、帆船等的人	3,000	402,000	134	1,500	201,000
31.	貨船的所有者	43,750	5,250,000	120	43,750	5,250,000
32.	商船、漁業、江河、運河上的水運工人等	400,000	8,100,000	11	—	—

編號	等級和地位	大約人數	每個階級的總收入（英鎊）	每一個男人、婦女、兒童（包括僕人）的年度收入（英鎊）	社會無用成員的大約人數	無用階級的收入（英鎊）
1	2	3	4	5	6	7
33.	在各部門投資的工廠老闆，這些部門有：棉、毛、亞麻、大麻、皮革、玻璃、陶器、金、銀、鋅、銅、鐵、鋼和其他金屬、絲、紙、書籍、火藥、繪畫顏料、染料等、啤酒、黑啤酒、蒸餾飲料、糖果、蠟燭、油、煙草、鼻煙等	264,000	35,376,000	134	176,000	23,584,000
34.	大批發商	5,400	723,600	134	2,700	361,800
35.	小店主和零售商	700,000	28,000,000	40	466,666	18,666,666
36.	利用資本當裁縫、女裁縫，或生產服裝材料的人等	218,750	7,875,000	36	—	—

編號	等級和地位	大約人數	每個階級的總收入（英鎊）	每一個男人、婦女、兒童（包括僕人）的年度收入（英鎊）	社會無用成員的大約人數	無用階級的收入（英鎊）
1	2	3	4	5	6	7
37.	商人、工廠老闆、小店主的店員和伙計等	262,500	6,750,000	14	131,250	3,375,000
38.	旅館老闆，有出售麥芽酒和啤酒的營業執照的餐館老闆等	437,500	8,750,000	14	268,750	4,375,000
39.	製傘工匠、絲帶生產者、刺繡女工、家庭紡紗工、洗衣女工等	150,000	3,500,000	12	—	—
40.	手藝匠以及各種工廠、工程和企業中的工人	4,343,389	49,054,752	11	—	—
41.	有營業執照和無營業執照的小販、流動攤販	5,600	63,000	11	5,600	63,000
	教育青年的大學和中小學					

編號	等級和地位	大約人數	每個階級的總收入（英鎊）	每一個男人、婦女、兒童（包括僕人）的年度收入（英鎊）	社會無用成員的大約人數	無用階級的收入（英鎊）
1	2	3	4	5	6	7
42.	在大學和高等學校教育青年的人	3,496	524,400	150	—	—
43.	從事教育男女青年的工作並通常為這種工作使用資本的人	210,000	7,140,000	34	—	—
	其他					
44.	各教派的教士，雲遊四海的傳教士	20,000	500,000	25	—	—
45.	從事戲劇工作的人，在劇場和音樂會當樂師的人等	3,500	175,000	50	—	—
46.	開設精神病院的人	700	35,000	50	—	—
47.	瘋子和精神病患者	4,000	160,000	40	—	—

編號	等級和地位	大約人數	每個階級的總收入（英鎊）	每一個男人、婦女、兒童（包括僕人）的年度收入（英鎊）	社會無用成員的大約人數	無用階級的收入（英鎊）
1	2	3	4	5	6	7
48.	為債務而被關在監牢內的人	17,500	105,000	6	17,500	105,000
49.	在監牢內和監牢外面的流浪漢、騙子、不務正業的人、小偷、偽幣製造者（包括女人和小孩）以及妓女	308,741	3,704,892	12	308,741	3,704,892
50.	上述各組中有補助金或其他來源收入者，孤兒和幼童的保護人、慈善機構的監督者（大約）	—	5,211,063	—	—	—
	貧民					
51.	在各種工作中靠自己本身的勞動得到工資者向教會領取補助金者	1,548,400 —	3,871,000 6,000,000	6	1,161,600	6,000,000
		17,096,803	430,521,372	—	5,437,917	217,951,788

這樣，一八一二年社會上所有階級的總收入約為四億三千零五十二萬一千三百七十二英鎊。首先我們要查明，這個巨大的財產是社會上哪一部分人生產的；然後，如果我們把生產者的實際收入拿來看一看，那麼我們就會對目前起作用的那些原則有一個相當清楚的概念。

這個圖表概括了生產階級的總數。

這些數字表明，他們的勞動所生產的全國收入，總額達四億三千零五十二萬一千三百七十二英鎊，除去貧民和領取退休金者生產的四百二十九萬一千英鎊以外，還有四億兩千六百二十三萬零三百七十二英鎊。

這樣，生產階級的每一個男人、每一個婦女和每一個兒童每年的產值幾乎達五十四英鎊。然而他們從其中只取得十一英鎊，也就是說，只取得他們本身

編　號*	人數	總　收　入	每個人的平均收入
26 32 40	3,154,142 400,000 4,343,389	33,396,795 8,100,000 49,054,752	11英鎊
—	7,897,531	90,551,547	—

* 按照上面圖表中的號碼次序。

的勞動產品的五分之一稍多一些！如果在他們所取得的數目上，即在九千零五十五萬一千五百四十七英鎊上，加上付給無用階級的並且將來有必要也可以儲存下來的（我們以後會看到，這是沒有必要的）兩億一千七百九十五萬一千七百八十八英鎊，那麼它就會增加到三億零八百五十萬三千三百三十五英鎊。

這就可以使每一個男人、每一個婦女和每一個兒童每年得到將近四十英鎊——這一收入就能夠綽綽有餘地購買到生活上必需的一切東西，並且使生活過得十分愉快；它幾乎比一八一二年大承租人的收入多一倍。必須指出，按照這種計算法，國家每年有四分之一以上的勞動收入是用於抵補管理、領導、監督和分配方面的支出。任何一個明智的人都不能認爲這個數目還不夠。[1]

1 上面所引圖表的主要目的，在於表明國家的產出現在是怎樣分配的。由於每個階級的人數不等，因此不同階級之間的收入差別要比驟然看到的差別大得多。

例如，我們看到一八一二年生產階級每個成員的收入是十一英鎊，王室每個成員的收入是兩千九百二十有些人和科胡恩一樣，認爲「貧窮是富有的根源，沒有貧窮就不可能有任何富人，不可能有任何講究的、愜意的生活」，我們向這些人保證，在這幾篇論文中將對這個論點給予足夠的答覆。

我們在這種計算法中並不考慮到國家生產量的增長，因爲我們的任務只在於表明目前創造的財富是怎樣分配的。因此生產階級的收入假定

英鎊。前者，每個家庭的平均人數大約是四又四分之一人，後者，包括僕人共有五十人。這樣，前者一個家庭的家長所能支配的收入為四十七英鎊，後者約十四萬六千英鎊。因此，後者的收入幾乎是前者的三千倍。但是，如果我們不去分析上層階級，那麼這方面的差別要顯得小一些。高級貴族每個家庭的平均人數為二十五人，二等男爵和主教每個家庭的平均人數約為十五人，騎士及其隨從每個家庭的平均人數約為十人。其餘的大概在四人到六人之間。

要查明生產階級在他們親手生產出來的產品中實際上取得多少，這是一件最困難的事情。我們責備目前的制度從社會有用成員的手裏剝奪了他們五分之四的勞動產品，非常可能我們對它罪惡的譴責比它應得的要輕得多。按照有些人的說法，生產階級只得到二十四分之一，另外一些人認為他們只得到十五分之一：總之，我們說他們得到五分之一是一個非常適中的看法。但是由於我們的主要目的在於說明目前制度的基礎，即使這個較適中的假定我們也覺得完全足夠了。我們寧願採用這個假定，因為這使我們有可能向讀者們提供能夠證實我們觀點的計算法，照我們看來，這種計算法更能說服任何一個願意了解這種觀點的明智的人。

有所提高，就必然要引起其他階級的收入相應地降低。不過實際上不會有這種事情。依靠我們提出的新措施，一切限制生產的情況將完全被消除，因此，一切可以稱作財富的東西馬上能爲所有的人得到。我們這裏所指的那些情況，將在後面做明確的說明。

現在我們簡單地對社會上每一個階級一一加以分析，並且指出我們把五百四十三萬七千九百一十七人，即三分之一以上的居民稱作社會無用成員的理由。同時我們希望，在我們沒有把整個主題闡明以前暫時不要來評判這種見解是否正確；等到把主題闡明的時候人人都會看到，問題只在於：「國家四分之一的年產值用於抵補管理、領導、監督和分配方面的必要支出是否足夠？」

圖表中的1、2、3——國王和王室中的其他成員。他們是社會的非生產者。我們把他們列入有用階級；不過我們要請其他人指出，他們是怎樣補償他們所消費的東西的。

4、5、6、7、8——高級貴族、次級貴族、騎士、紳士和夫人。他們所有的人都是社會的非生產者，由於他們對自己所消費的東西並不給予任何補償，因此我們不能把他們列入有用階級。然而任何人都不能因此而責備他們，或者對他們懷有絲毫敵意。我們並不在於指摘人，而在於批評制度：我們在這方面要表明的是制度。上層階級生長在這種不公平的制度下，並且被教導遵守這種制度，這不是他們的罪過，而是他們的不幸；況且他們大部分人對他們所處的地位毫無所知。

9、10——國家機構和財政機關：擔任各種文職的人。他們所有的人都是社會的非生產者，他們絕大部分並不帶來利益。因爲他們成千上萬的人只拿取薪資而無所事事，另外還有成千上萬的人拿了薪資卻在幹壞事：阻擋人類去享用他們可以得到的福利。一切掌握禁令的人都屬於這一類。另外還有成千上萬的人，他們的工作只是目前錯誤的商業制度所產生的，也應當歸入這一類。我們在任何情況下都不想做得過分，因此儘管這樣，我們還是把各種文職人員中的一半人列爲社會有用成員。

11、12——陸軍。士兵的稱號本身就是對人類天性的一種侮辱。

這一稱號將來會被人忘掉的。與這種職業相聯繫的榮譽是靠不住的。如果我們爲了自衛，哪怕是冒生命危險也是正義的；然而在沒有任何正義的地方就不可能有任何光榮。如果我們去奪取別人的權利，請問正義在哪裏呢？然而這卻是保衛被損害的權利所必需的前提。人們很喜歡說：「有什麼事情能比保衛祖國更光榮呢？」他們不說：「有什麼事情能比奪取和平的人們之權利，在別人中間造成貧困和毀滅更加光榮呢？」但是由於我們不想做得過分，因此我們把一半陸軍列入有用階級。不過在新的制度下陸軍和海軍可能由全體居民組成；在必要的場合下人們無論在什麼時候都能起來保衛自己的國家，而在和平時期則自己養活自己。

13、14——海軍。根據上述理由，我們把它列入有用階級。

15——領取一半薪資者等等。在這個階級中顯然有許多退伍的人和軍官的一些寡婦孤兒。很難確定他們中間有多少人能從事有益的職業，因此我們不打算在這方面減少他們的人數。

16、17——契爾西、契特姆等醫院領取退休金者。按照與領取一半薪資者同樣的理由，我們在這裏對他們略而不談。

18——高級僧侶。他們加上家屬和僕人的人數達十一萬六千人。關於宗教這裏不先談什麼：它將在另外的地方加以探討。

19——次級僧侶。他們執行教堂裏的職務。

20——司法系統：法官、律師、訴訟代理人、錄事等。我們肯定地認爲，這個階級毫無例外是多餘的。我們知道得很清楚，對於在目前的不合理制度下生長和教育出來，因而對這種制度的眞正性質甚至從來沒有過懷疑的人來說，這一點似乎是不可能的事。然而我們也知道，要使全國的所有居民能夠得到一切可以稱作財富的東西，只需要他們的意志。我們知道，如果所有的人都能得到這樣豐裕的東西，他們就能被教育成大家彼此都能和睦相處。我們認爲刑罰無論怎樣都不能消除犯罪，相反的，它只會經常使犯罪事件增加。我們認爲，過去和現在的社會經驗都能證實這種看法是正確的：犯罪事件的多少經常是與刑罰的嚴厲相一致的。我們知道只有一種方法才能使人完全服從：要用始終不渝的善意和毫不動怒的態度來對待他們，向他們說明不良行爲在社會中可能引起怎樣的後果。我們知道，如果長期這樣做的話，一定能收到預期的效果。

因此，對於每一個有「法律人士」稱號的人我們都抱著一個十分明確的期望，希望他們不久就會不再從別人的不幸中取得自己的收入。

21——醫藥界：醫生、外科醫生、藥劑師等。在利益一致的制度下，也許不會直接減少這個階級的人數，但是毫無疑問，它歸根究底還是會使他們的人數與居民比較起來相對地減少。過度的奢華和過度的貧窮同樣都有害於健康。身體的健康在很大程度上取決於精神的健康。如果能夠實行這樣的制度：爲各階級居民消除一切經濟上的困難，從而消除極度貧困的有害後果，以及一切憂慮和貧乏，那麼毫無疑問，一定能促進全國人民的身體健康。有大量的人由於以前過著放蕩的生活，身體非常不好，不能一個月離開醫生的照護；要是他們不受周圍的東西所誘惑，那麼非常可能，他們就不會沉湎於放蕩的生活之中。我們把所有的醫生都列爲社會有用成員。

22——藝術家等。在新的制度下藝術家的人數不會減少。國家甚至能給予他們比任何時候都更大的支持。

23——大地主。他們所有的人都是社會的非生產者。他們對自己所消費的東西並不給予任何補償。他們從地租、利息和投資中得到自己的收入。

24、25——小地主和承租人。他們的工作在許多方面也是這樣。他們主要是農業的領導者和監工。雖然他們是社會的非生產者，然而他們是必需的，不過所需要的，只是對農業進行領導和監督所必需的那樣多的人。目前他們的人數比所需要的部分多兩倍。因此他們中間至少有一半人應列入社會無用階級。

26——農業和礦業中的工人。關於他們，我們在最後再談。

27、28——大商人。他們是社會的非生產者。他們只是在領導對外貿易的工作中才爲自己所消費的東西帶來某種補償。目前他們的人數比所需要的多九倍。他們中間至少有四分之三是社會無用成員。

29——利用自己的專業知識和資本當工程師的人等等。在新的制度下，他們中間四分之一的人就可以綽綽有餘地完成他們的全部工作。

30——把資本用於造船工作的人等等。投資的人就是奪利者。他們是社會的非生產者，只能從事高級的領導工作；然而這項工作他們大多是透過代理人去做。我們把他們中間的一半人列爲社會有用成員。

31——貨船的所有主。他們是社會的非生產者。他們的全部收入都可以爲有益階級所得。

32——在漁業、江河、運河上替商人工作的水運工人等。從科胡恩的著作裏提出的資料可以看到，一八一二年捕捉鯨魚和海豹所得到的錢，除抵補一切費用外，計有六十萬英鎊。公正地說，在屬於這個階級的人中間，有很大一批人應當算作無益社會的成員，因爲他們的大部分勞動產品只用於滿足人爲的需要，例如，店鋪裏用的魚油等。店鋪裏只是在晚上出售貨物時才需要用魚油點燈，而這些貨物本來白天也可以出售。但是由於我們無法確定這些人當中有多少人從事這類工作，所以我們把他們所有的人都列爲有益成員。

33——在一切部門中投資的工廠老闆。他們是社會的非生產者，只能從事工廠廠長和高級領導的工作。而他們的絕大部分工作是由他們的代理人來做的，因此毫無疑問，他們中間有三分之一的人就已經足夠了。

34——批發商店的主管。在新的制度下，目前做這種工作的那些人中連十分之一都不需要。我們可以把他們中間不足半數的人數稱爲有益成員。

35——小店主和零售商。當然，這些人不是社會的非生產者，因爲像目前的零售制度所製造出來的欺騙、謊言、蠢話、謬論、壓制體力和出賣智慧的現象，整個世界上從來沒有一種東西能製造出其中的一半。在這一點上，而不是在我們以前所做的定義意義上，零售商無條件地足以稱爲生產者。毫無疑問，他們對自己所消費的東西沒有給予社會任何補償。他們的四分之一或五分之一的時間用於裝飾櫥窗，也就是毀壞商品，至少有一半時間用於等待顧客和無所事事。如果有人在倫敦的街道上走過，他只要注意一下就馬上會相信，這個階級中至少有三分之二的人是多餘的。他們的人數並不是由合理地、適當地爲城市服務所眞正需要的數量確定的，而是由這種工作所能養活的人數確定的。目前的社會狀態必然產生的這一種情況，已足以使每一個有思考能力的人看到我們目前的商業制度中存在著根本的錯誤。到什麼時候人們才能擦亮自己的眼睛，看到一切的商人，從大商賈到菜販，只會瓜分財富，只會從創造者的勞動中取得自己服務的報酬？到什麼時候人們才會明白，從社會的觀點來看，在有一個商人就能應付工作的地方有著三個商人，正像旅館老闆在有一個服務員已能招待旅客的場合雇了三個服務員一樣，是多麼的不合理、愚蠢和可笑！

36——利用資本當男女服裝裁縫的人等。由於在新的制度下這些階級的工作規模會驚人地擴大，我們把他們列爲有益社會的成員，雖然在目前的情況下，他們的人數大大地超過了所能找到的工作數量。

37——店員和夥計。在具有一致利益的制度下，只需要少數這樣的人；他們中間至少有一半人應當另找更加合適的工作。

38——旅館老闆和餐廳老闆。在新的制度下，而且是在完全不同的方式下，這個階級有一半人是多餘的。

39——製傘工匠等。他們的人數不會減少。

40——手藝匠和工人等。我們把他們同第二十六號一樣看待。

41——小販等。這些人只會帶來害處，完全沒有益處。

42、43——教育男女青年的大學和中小學。它們太少了！

44——各教派的教士、雲遊四海的傳教士。這些人至少竭力想補償自己所消費的東西。

45——從事戲劇工作的人。新的制度能為這個階級中的貧困成員提供更加輕鬆和更加舒適的生活方式。

46——開設精神病院的人。奇怪的是目前的制度造成發瘋的人比例上還不算多。無疑地，這個階級的人數並不過多。

47——瘋子。我們不能把這些不幸的人稱爲有益社會的成員，也不能把他們算作是有可能從事有益工作的人。

48——爲債務而被關在監牢內的人。

這是目前制度的一個很好的例子！起先我們使一萬七千五百人負債，然後把他們關進監牢，使他們無法擺脫債務。

49——流浪漢、騙子、僞幣製造者、妓女等，共有三十萬八千七百四十一人。這是目前制度可悲的後果。採取預防的措施甚至可能使這個階級的名稱永遠消失。

50——其他各類人。這個階級包括的人是各式各樣的，因此我們不再去分析他們。

51——貧民，他們用自己的勞力創造三百八十七萬一千英鎊的價值，並且向教會領取約六百萬英鎊的補助金。由於這個階級很明顯地創造大量的物質，不能把他們全部列爲無益社會的成員，因此我們只把他們中間四分之三的人數列爲無益的成員。

在接下去分析生產階級以前，我們再一次堅決地聲明，我們認爲上面的意見並不具有特別重大的意義，因爲這些意見只涉及每一個階級個別的情況。我們只是想一般地說明，工人的勞力成果現在是怎樣被浪費掉的，以及被哪些階級所浪費掉的。問題的性質不允許在細節上做精確的估計；但是在總的方面我們不怕任何的反駁。問題非常簡單：「國家四分之一的收入夠不夠抵補管理、領導、最高監督和分配方面的必要支出？」

26和40——從事農業和礦業的工人；手藝匠以及各種工廠、工程和企業中的工人。

我們現在所談的是勞工階級，我們把他們全體列爲有益社會的成員，雖然他們中間有許多人嚴格說來並不是這樣的。把辛勤工作的人稱做無益社會成員初看起來會覺得奇怪，然而只要更加仔細地分析一下就能清楚地表明，在許多場合，財產上的驚人懸殊迫使他們成爲這樣的人。

如果一個人以前過著儉樸的生活，後來有了巨大的產業，他不久開始覺得（我們說的是一個普通人的行爲方式）自己住的房子太小和太簡陋了。他買了一所莊園，爲了體面和享樂起見，他還在城裏買了一幢房屋。以前只要一個僕人就能應付他的全部工作，現在他爲每一種工作都專門僱用一個人，還請了許多不做任何工作的人；他在鄉下和城裏都有管家、看管酒窖的人和他的幫手、侍僕、馬車夫、馬夫、僕役、廚師、專做點心的廚師和會計，還爲太太、小姐僱用了女僕、婢女和女伴等等。有巨大產業的人們通常是怎樣花費自己的金錢的？他們花費得合理嗎？他們不是把絕大部分金錢花費在講究漂亮、華麗和奢侈上嗎？請看看貴族及其侍從的家庭開支吧；請看看他們的花園、獵場、馬車、馬和狗所需要的費用吧；此外，再加上用於購買婦女的服裝和一切奢侈品上的龐大費用。這些奢侈品如：溫室裏培養出來的水果和蔬菜，不近情理地講究好食材——魚如果價錢便宜，就不能吃，總歸一句，一切不是用極高的價格買來的食品，我國的貴族都不吃。有人說，這一切「對商業是有好處的」，在目前的制度下的確如此。但是，如果我們看到奢侈和過度揮霍——現在社會所依據的原則之後果——被當作是美德，一個明智的人能認為社會賴以建立的原則是正確的嗎？難道我們眞的相信，我們浪費的東西愈多，我們擁有的東西也愈多嗎？難道我們將永遠認為，一個把成千上萬金錢花費於滿足某種古怪要求的人，由於使錢幣能在商人之間周轉，從而讓一批工人有工作可做，因而說他的行為是很對的嗎？從事這種工作的每一個工人都是無益社會的成員，因為他們的勞動產品是無益的，結果他們就成了對從事有益工作的生產工人所徵收的一種直接稅！這種情況一定會終止的；這種制度不僅不合理和有害，而且也不合乎健康！

我們很清楚，如果一個人的產品本身是無益的，他就是無益社會的成員，不過我們想把這些問題研究得更深入一些；我們最好用例子來說明。我們要舉一個例子，它能大大地幫助我們理解目前的社會狀態。

花邊工業現在在英國達到了非常完善的程度。在某些場合一件連身裙值一百基尼或一百基尼[2]以上，也就是說，它可能確實要一個工人花費這麼多的時間和勞動；如果縫製這件衣服的人用較低的價格出售，他就不能得到適當的補償。縫製這種衣服的生產者在他從事這種工作的期間內，他的家庭靠他的勞力得到了生活上必需的東西，但我們能因此而稱他爲有益社會的成員嗎？當然不能！因爲他的勞動產品是有花邊的連身裙，它是無益的。它既不能充饑，又不能解渴，而且也不是有用的服裝。縫製這種衣服只是爲了滿足古怪的要求和引起別人的驚奇。至於它的實際用處，還抵不上一文錢的一塊麵包或一杯冷水。縫製這種衣服的人所消費的飲料，他所穿的衣服，他所住的房屋，都是別人的勞動產品，不是他自己的勞動產品。因此這種無益的、荒謬的東西只是一種使他有可能依靠別人的工作而得到一切必需品的巧妙手段。而別人的工作得到什麼呢？有花邊的連身裙嗎？轎式馬車嗎？精緻的房屋嗎？不：只

2 英國舊金幣名，現在等於二十一先令。——譯注

有極少的錢，這筆錢他們只能用來購買他們本身勞動或別人相當勞動的五分之一的產品。我們要問，買這種連身裙的人付出了什麼？他付了一百基尼，這筆錢也許是他以地租的形式從農業工人的勞動產品中得到的——從眞正屬於他本人的財產中，他甚至連一根麥稈的價值也沒有付出來！他一塊錢也沒有付出。工人得到自己一份微薄的生活必需品，付出了什麼呢？他付出了自己五分之一的勞動產品，這一部分產品是沒有被人剝奪而留給他自己的。這一部分產品之所以沒有被人剝奪，並不是由於目前的制度保護他不受剝奪，而是由於，沒有這五分之一的部分他就不能生活，不能繼續當別人的奴隸！富人實際上什麼也沒有付出，而得到了一切；窮人實際上付出了一切，卻什麼也沒有得到！

我們懇切地徵求每一個正直之人的意見，請他們說一說，這樣的社會狀態該不該繼續存在下去？它與一切基本的公平原則有沒有矛盾？我們很願意這麼認爲，罪惡不是由任何一個個別的人和任何一個階級產生的。我們很願意這麼承認，對於一個由於他無力判斷的情況而偶然處於壓迫者地位的人，哪怕懷有一點點的敵意都是非常不公平的。然而在爲個人作辯解的時候，我們要譴責制度，並且指出：「不公平是這種制度的主要基礎。」

實際上把我們弄到這般地步的，並不是什麼過錯，而是無知。我們在建立我們的習俗和制度的時候，至今沒有注意過一切自然的原則，一切事情都是碰運氣去做。這就使我們從一個錯誤陷入另一個錯誤，把一切事情都弄得眞正混亂不堪，製造出原始狀態所沒有的無窮災害。這種情況早就應該結束了。我們希望，並且我們深信，它結束的日子已經不遠了。

從上面的敘述中還可以看到，許多可能成爲有益社會成員的工人，目前卻在從事無益的工作。這並不是由工作的種類所決定的。木匠、石匠、鐵匠、水泥工、玻璃工、翻砂工以及其他一切行業的工人，不斷地從事於建造溫室、漂亮的建築物以及無數類似的東西，這些東西的唯一目的在於滿足富人古怪的要求，滿足他們虛假的需要，迎合他們愚蠢的想法。只要財富能平均分配，就不會產生這種情況。一個收入適度的人不可能有任何過分奢侈的行為。一個每年有五百英鎊收入的人，不可能每年花費五千英鎊去購買價格昂貴的廢物；生產階級也不可能從事無益的勞動，如果沒有人擁有這樣的財產叫他們去做這種工作的話。

其次，勞工階級成千上萬的成員正在從事於創造這樣的東西，這些東西在目前的制度下必然是不可少的，然而在最初卻不能用理性來加以解釋：例如，櫥窗和商業上需要許多別的廢物。不熟悉這種事情的人，很難想像每年在這上面所浪費的錢是多麼的龐大。這些東西是與目前的制度不可分割的附屬品。它們是由於商業上劇烈的競爭而產生的，然而它們能帶來什麼眞正的好處呢？他們的好處在於毀壞各種商品。由於這樣，商人們不得不在自己的商品上掙更多的錢，以便抵補破損商品和劣等貨造成的損失。很明顯，在目前制度的壓力下，甚至生產階級的許多成員也成了無益社會的成員。

工作對個人幸福的影響

我們試圖對目前我國產品的分配情況作一個概括的說明；我們要竭力指出，在目前的社會制度下人們相互之間能提供多少利益。接下來我們還想查明，他們能給自己本身帶來多少利益，或者換句話說，他們目前的工作對促進他們的個人幸福究竟有多大的作用。

在分析本題這一部分的時候，我們不再分別敍述每一個階級的情況，而是把它們合起來談。

我們不預備談論國王和王室，因爲他們從小時候起，周圍的人們就教會他們把奢華看作是人類最高的美德；我們回過來談談上層階級，再接下去談那些僅能維持溫飽的可憐人。當我們看到他們所有人的時候，我們覺得沒有一種人比所謂獨立階級更值得同情。首先讓我們來考察他們的獨立性。

對待這個問題，我們現在將毫不客氣地、直率地提出自己的意見。因此我們請求大家要把在這方面所談到的一切看作只是對制度說的，而不是對有關的人們說的。

構成這些獨立階級的人們，依賴於兩種情況：第一，別人的愛好勞動；第二，使他們能夠統治他人的不公平制度。

他們依賴於別人的愛好勞動，這是顯而易見的。他們所吃的食物，他們所穿的衣服，他們所住的房屋以及房屋內的一切設備和裝飾品——簡單地說，除了他們呼吸的空氣以外，他們所得到的一切東西都依靠人們雙手的勞動。不僅如此，他們軟弱得甚至連衣服也需要別人幫他們穿！

他們靠麵包師傅烘製麵包，肉販供給肉類。他們靠裁縫縫製衣服，靠僕人和婢女替他們穿衣和脫衣。[3]如果要對這一階級的人們找一個適合的名稱，那麼只有「不獨立的」這個名詞是最恰當的。他們會說：「誠然，我們深知自己是軟弱無力的，不過我們是依靠自己的財產而生活的。」對於這一點我們堅決不同意，並且相反地指出，他們是依靠別人的財產而生活的。

因爲這不過是一個事實問題，所以最好用研究財產本質的方法來加以說明。

勞動是一切財產的唯一公平基礎。在最原始的時代，人們把爲取得食物而打死的動物看作自己的財產。如果別人奪取他們的獵物，這被認爲是不公平的，這種企圖馬上會遭到回擊。不過我們不必到這樣久遠的時代去尋找例子，因爲在任何社會裏，勞動都是財產的唯一泉源，因而

3 請比較庫姆著：《舊制度和新制度的比喻》。在寫這一段的時候，這本書尚未問世，否則我們就能用他的話來說明上述的論斷了。

也是它的唯一基礎。毫無疑問，只有在這樣的場合，當一件東西是他用自己雙手的勞動創造出來的時候，他才有充分的權利說：「這是屬於我的。」人的右手是屬於他自己的嗎？我們可以肯定地說，它屬於人的程度不如它的勞動產品呢！

因此很明顯，勞動是財產的唯一基礎，任何財產都不外是累積的勞動。問題是這樣的：「我們上面所說的那些人消費的是別人的勞動產品呢？還是消費自己本身的勞動產品？」他們消費的是別人的勞動產品。難道他們用來補償這種消費的，不是本身就是累積的勞動或者代表累積的勞動的貨幣嗎？難道他們所付的貨幣是屬於他們自己的嗎？這貨幣是他們自己的勞動產品呢？還是別人的勞動產品？他們取得這些貨幣曾給了什麼補償？他們任何補償都沒有給！因此我們要向那些沒有受舊傳統思想影響的人們證明，社會上的這些獨立階級爲了基本的生活資源，必然會做出不公平的行爲。具有這種稱號的人們的收入，大部分來自地租和利息。讓我們對這一點略微做比較深入的分析。

首先我們不同意這樣的說法，即認為：嚴格說來，任何人一般都能成為地主！土地是居住地，不管現在和將來都是全人類的自然遺產。這是屬於全人類的居住地，它並不屬於任何一個人，所有的人都有同樣的權利居住在地面上。要是去問一下地主，他對自己占有的土地具有什麼樣的權利，他會給你們看一疊契據，用以證明他所擁有的產業從遠古時代起就是他祖先的財產。但是他的祖先是怎樣取得這些財產的呢？他就會回答，用侵占或奪取的方法。但無論哪一種方法都不能使土地成為他們的財產。取得財產的正當方法只有三種：一，創造；二，購買；三，接受別人的贈與（這禮物是該人的財產）。但是很明顯，不管是現在的地主或者是他們的祖先都沒有創造過土地，而創造土地的人顯然也沒有特地把土地送給他們或賣給他們。因此，不管他們或者任何其他人都不可能成為任何一盎司土地的地主。然而土地使用權和占有權卻是建立在土地的所有權上面的。這個結論對本題的研究具有重大的意義。

為了說明我們的見解，我們假定，有一批人住在荒島上。每一個人都會感到，他們在這個島上找到的所有果子，每人都有同樣一份享受的權利。沒有一個人會把沒有摘下的果子看作自己的財產，但每一個人會把自己花勞力採集來的果子看作自己的財產。他會感覺到並且知道他對這些果子比他的任何一個同伴都具有更大的權利。同樣，這些人當中誰都不會想到把沒有開墾的土地稱作自己的財產；如果有人想把一部分未開墾的處女地稱作自己的，他只會遭人訕笑。但是如果他開墾了這塊土地，清除了草木，翻鬆了土壤，播下了種子，這種子又長成了莊稼；對這些莊稼誰會說「這不是屬於他的」呢？每一個人都會明白，這些莊稼跟採集的果子一樣是屬於他的。因爲大家都知道，這是他用勞動創造出來的。對這些莊稼沒有人會說：「我對它們雖然沒有花過一點力氣，但是我和那個用勞動創造它們的人一樣是它們的所有者。」

從這一觀點出發，我們要問，爲什麼有人竟認爲自己有權索取地租呢？稱自己爲地主是完全沒有道理的，正如同說：「太陽是屬於我的，它給了你光明，因此你應當付給我租金。」土地在人們沒有花上勞動以前，它本身是沒有任何價值的。只有它的產品才有價值。地主對產品的生產做了些什麼呢？什麼也沒有做！因此我們說，產品的任何部分都不應屬於地主。土地本身是他們創造的嗎？不！他們把土地開墾得使它適於播種嗎？不！他們拿了種子播種過嗎？不！他們促使種子生長嗎？不！陽光使穀粒成熟是由於他們的原因嗎？不！他們把莊稼收割下來放到穀倉裏去嗎？不！所有這一切工作加在一起不就是創造了糧食嗎？是的！既然勞動是財產的唯一基礎，既然這財產全部是由別人的勞動創造的，那麼在這樣的情況下，他們有什麼理由要求取得部分產品呢？對於他們所要求取得的這部分產品，他們給予什麼補償呢？他們沒有給予任何補償，因此，如果他們把這種產品據爲己有，這就是極大的不公平。產品全部是別人的勞動創造出來的，因此只能是別人的財產。

然而人們卻說，產品是屬於他們的！的確如此！這怎麼會這樣呢？這是靠力量和習慣占有產品！地主要求取得產品的根據就在這裏，而且只能在這裏。如果把這一點看成是財產的公平論據，那麼這不就是說，一切偶然在法律上規定的東西都是公平的嗎？不就是說財產沒有任何自然的基礎嗎？

但是我們舉一個例子，如果一個人由於開墾土地而取得了土地的所有權，後來他願意把這所有權讓給別人。那時候他對改善土地所做過的工作有權取得報酬嗎？當然有！當他得到這片土地時，土地是一種品質，現在土地又是一種品質，這就是他應當得到報酬的原因，這報酬也就是使土地達到目前狀態所需要花費的肥料和勞力的價值。

觸及國家固定傳統的根本，這絕不是一項令人愉快的工作。我們最不贊成採取暴力手段來消除貧困；我們相信，暴力在任何時候都不能達到長期的改善：我們採取的嘗試在於說明目前制度的錯誤，並且提出一個較好的制度。我們不想姑息人們的偏見，而是要指出眞理；而且懷有類似意圖的人，如果抱著畢恭畢敬的態度來看待一個國家現存的習俗，他就完全不能達到目的。我們不得不把這些習俗稱作謬誤的制度，這種謬誤會產生大量的貧困和人類墮落的現象。因此在我們能夠取得大自然爲我們準備的禮物以前，我們必須先消除目前的狀況；不過，我們再一次指出，這必須在不使用暴力、不破壞任何人權利的情況下進行。

現在我們回過來談利息問題——不給予補償而取得別人的勞動產品的另一種方法，或者換句話說，用雖然合法但不公平的手段叫別人供養自己吃閒飯的方法。我們舉一個例子來說明。譬如有一個商人靠做帽子來累積財富。他所擁有的貨幣是國家財產的一部分，他用經營事業的方法取得了對它的權利（其中除去他在這段時間中消費的部分）。如果每頂帽子值二十先令，我們假定他累積了一萬頂帽子，然而他不想把這些帽子堆積在商店裏，把它們保存到破舊，因爲這樣帽子會變得不值錢的；由於他不能按照自己的願望把帽子交換其他商品，他就認爲把它們變成貨幣較爲划算，因爲貨幣比較不容易失去價值，而且他隨時可以用它購買任何商品。我們很想了解這種原則的公平性。根據這種原則，一個有一萬頂帽子或一萬英鎊（代表的價值是一樣的）財產的人在四十年、六十年、八十年或一百年之間能夠不多不少得到兩萬、三萬或五萬頂帽子或英鎊，如果他或他的子孫每年花費掉五百英鎊，那麼這許多年以後他仍能擁有跟原先相同數量的帽子或貨幣！蜜蜂能夠這樣嗎？螞蟻能夠這樣嗎？不能！人如果不破壞別人的權利，同樣也未必能夠這樣。

我們再舉一個例子。假定有幾個人脫離了社會而獨自進行工作，每一個人都有一個倉庫存放自己的勞動產品。其中有一個人比其餘的人更走運，他的倉庫裏放著滿滿一倉庫產品，於是他對其餘的人說：「先生們，由於我有大量儲存的產品，所以我不願意再工作了，不過雖然如此，我還要享用自己的一份東西。你們什麼也沒有累積，因此必須繼續工作。你們創造出多少產品我就要享用多少產品。」其餘的人當然會把這種話當作一個非常奇怪的建議。然而目前的社會不僅提出這樣的建議，而且每年有數百萬人這樣做，這是多麼奇怪啊！

所有拿利息收入的人就是依靠這種公平性而生活的。

人們會說，放高利貸要求付給利息只是要求履行經雙方同意而訂立的契約，這不能稱爲不公平。然而這並沒有回答我們論述的理由。我們所說的並不是關於履行所訂契約的義務，而是關於這些契約本身是否公平。如果這契約是由兩個人訂立的，而他們每個人都是從自己本身的利益出發而訂立契約的，那麼這契約本身就不可能一定公平。一切公平的契約基礎是勞動量相等。因此，如果有人願意出雙倍的價值來換取某種物品，也許他在法律上有義務履行自己的諾言，但這毫不改變義務本身顯然不公平的性質。

但是人們即使承認，靠放高利貸取得利息的習俗，一個人經常收回比借出去的錢多兩三倍，然而他們還是會說，對借款人說來，所借的錢和他所還的錢實際上價值是相等的。就算是這樣吧。然而在這種情況下總是要涉及第三者。一個生產工人的勞動產品中有一部分被剝奪去作爲債主每年的收入了，他在這部分產出中得到些什麼呢？什麼也沒有得到！於是我們要問：一個人是不是他自己勞動產品的當然所有者？如果不是，那麼財產一般是建立在什麼基礎上的？在什麼條件下一個人才能說「這件勞動產品是屬於我的」呢？如果他的勞動產品是屬於他的，那麼拿了他的這種產出而不給予補償的那種習俗怎能說是建立在公平的基礎之上呢？要麼一個人不是自己勞動產品的合理所有者，要麼放高利貸索取利息是不公平的。兩者無論怎樣都不可能在公平的基礎上統一起來。

如果一個人累積了一份財產，想去休息，那麼從他停止爲取得自己的生活資源而進行工作的時候起，他的財產應當愈用愈少。同樣，蜜蜂夏天在自己的蜂窩裏儲滿了蜜，冬天則享用自己勞動的產品。這意味著是依靠自己的財產而生活的。

我們認爲，現在已經相當清楚了，社會上那些獨立階級第一要依靠別人的勞動，第二要依靠使他們能夠支配這種勞動的不公平制度。

但就算上層階級的收入是對財富生產者所徵收的一種直接稅吧；（我們要問）這些上層階級本身就有了他們想要得到的一切嗎？我們認爲並不這樣。恰恰是他們都在排除幸福的條件下生活。當然，他們有食物、衣服和住所。但這又怎麼樣呢？即使他們的衣服是用最好的料子和最好的樣式做成的，難道他們就滿足了嗎？習慣使他們成了吹牛和競爭的工具。

衣服做得最適宜於保護身體，保證身體的健康和舒適，並且能顯示出人體眞正的優美，難道他們認爲這樣就足夠了嗎？不！他們所一心追求的，是所謂「摩登」，以及更正確點可以叫做「瘋狂」的東西。衣服不適宜於保護身體是無關緊要的；衣服不合身或者嚴重影響健康也是無關緊要的；只要它摩登，不管它多麼不雅觀，都沒有關係；這樣一來，推行新樣式必然就成爲人類最偉大的成就。

如果人們把自己的才能及時地用於合理的目的，就能使自己的努力獲得眞正的滿足，而他們本身也能變得明智起來；而現在他們卻老是用卑鄙的欺騙行爲來愚弄自己，用層出不窮的空洞許諾來對待那些信任自己的人，他們將把自己愚弄到什麼時候呢？

即使他們的衣服和住所能符合防止自然現象侵襲的一切要求，能夠同樣地適應於交際、幽居和家常的需要，他們的住所能夠成爲公餘休息的地方，難道這樣他們就滿足了嗎？不！它們必須富麗堂皇；它們必須能夠表明：「我的主人是一個大富翁」，否則它們就沒有什麼用處！

然而能夠否認這些階級依靠他們的地位可以得到一切的享樂嗎？難道他們沒有親戚朋友可使他們有廣泛的機會表現出慈善、好客、友愛和同情的美德嗎？

我們當然不能否認，他們能夠得到可以買到的一切幸福；然而我們不承認，幸福一般都能買得到的。如果不能夠把才能和愛好引到正確的方向，那麼財富只能給予我們很小的愉快。由於在現在的世界上大家所追求的目的是標新立異，因此不滿足就成了它的經常結果。

富人很願意從事慈善事業，只要這種方法能夠使他們出名，能夠使他們在他們親友中表現出與眾不同。但是如果你想根據不可辯駁的事實使他們相信，他們每年給予社會慈善機構的款項可以這樣來使用，以便在幾年內把生產階級提高到跟他們同樣的或者更高的生活水準，因而以後每年就不再需要他們的捐款，同時要是你請求他們協助你實行這種創舉，那時候就會知道，你究竟是在跟什麼樣的人打交道了。你能從他們那裏得到較多的金幣來爲窮人建造住所，但是卻得不到幾個分尼[4]用來把下層階級提高到完全獨立和自由的地位。

這一點下層階級必須靠自己來做，而且他們也正在做著。

上層階級的愛好難得會朝自然的方向發展。請看他們的婚姻吧！他們中間只有極少數的人能夠說：「把我們結合起來的，並不是經常嚴峻的、違反自然和理性的人定的法律；把我們結合起來的乃是相同的看法，這種看法把感情導向和睦的愛情。」

請你設想一下（這並不困難，因爲這是我們在現實生活中經常看到的）：上層階級有一個美麗的姑娘，天生有善良的心腸、高尚而爽朗的性格和高度的智慧，這一切本來使她能夠到處博得別人的尊敬和喜愛；請你設想一下，這個姑娘後來受到父母的貪婪思想影響，這種思想竭力摧殘她善良的感情，消滅她一切動人的、優美的氣質，把她變成一個女

4 分尼，德國輔幣，等於百分之一馬克。——譯注

奴隸即上流社會的玩偶。最後她讓步了，被男人的財產所購買。他並不愛她，她更不愛他！一旦黃金夢醒，她認識了他的眞正價値，於是可怕的現實就會威脅似地看著她。過去她和丈夫還能勉強相處，現在他們之間的任何一個細小的爭執都會使冷淡變成憎恨。在這個時候——如果從前有一個戀人曾向她求過婚的話——她就會懊悔不迭地說：「我大大地錯了！」她由於內心的痛苦，就去找些書來看看，想借此來排遣心中的煩悶。然而她不能做到這一點。也許，她偶然看到一兩行描寫美好愛情的愉快文字，她就沒有勇氣再看下去，於是她拋開書，感到抑鬱不歡，滿心充滿絕望的感情……這就是被購買的愛情不可比擬的快樂，這就是一半人類的經歷！

但是隨著歲月的推移，直到最後，頻繁的鬥爭終於消滅了她曾經有過的高尚感情。後來她會對自己過去的痛苦覺得奇怪，把愛情稱作孩子的幻想，而自己卻來出賣自己孩子的幸福！

既然富人的情況是這樣的，那麼我們就不必羨慕他們！既然富人出錢購買來的快樂是這樣的，那麼我們也就不再去責罵這些買主。他們由於受快樂顯然虛假的許諾欺騙，放走了眞實的東西而去追逐影子。相反的，我們將要懷著惻隱之心想到他們，在他們眼前樹立眞正快樂的榜樣。那時候虛僞就無法達到自己的目的；眞理將得到勝利，人類將變得幸福。由此可見，上層階級中是很少有幸福的：他們的意圖排除了實現幸福的可能性，用冷淡的禮節、表面的華麗和無謂的競爭來代替熱忱、內心的滿足和合理的享樂。

現在我們再來看看商界，看他們是否處在較好的地位。

這個階級的特徵最明顯的是不眞誠，不發展體力，使用心機，以及對別人的不幸漠不關心。我們完全不想責備這些人，我們只是要指出這是人類社會目前制度的必然結果。

要是一個人的日常工作就是把自己的商品說成比鄰人的商品好，他還能眞誠嗎？難道這不是商人的日常工作嗎？同樣數量的資本、技能和勞動熱情用於製造商品，會創造出大體上同樣價值（同樣價格）的商品。如果競爭把利潤降到最低的限度，那麼一個和他的商品同樣不出名的新工廠老闆，如果不用虛僞的宣傳來刺激，怎麼能在市場上招徠主顧呢？事實上他沒有任何別的可能；儘管人們的良心好壞程度不同，因而他們採用這種手段的方法也各不相同，然而他們總是這樣做，而且在目前的商業制度不改變的情況下，他們不得不這樣做。

這一點更適合於零售商。市場是同樣爲所有人開放的。在資本相同、手腕靈活的程度相同和勞動熱情相同的情況下，可以按照同樣的價格來推銷商品。因此競爭者總是竭力表明他們的商品比鄰人的商品便宜。在這種情況下誠實是無益的。事情的本質表明應當採用虛僞的手段。經驗告訴了我們什麼？標出商品零售價格的千百則報紙廣告中，沒有一則是眞實的。明白事理的人們誰也不會否認這一點。報紙照理應該在零售商的一切廣告上面加一個標題：「不眞實的、虛僞的報導」等等。在這樣的社會情況下能有普遍的眞誠嗎？我們不承認有這樣的可能。如果沒有普遍的眞誠，還能有普遍的幸福嗎？這是不可能的！期待這樣的事情眞是太天眞了。

事業本身就是十足的奴役。在工廠和大企業裏，企業主本人雖然並不做勞累的工作，然而他們的精神卻處在經常不安的狀態中。他們被隨時可能發生的危險所折磨著：不是擔心自己被競爭者搞垮，便是擔心自己的債務人還不出債而失去自己的財產。他們的思想中經常被物價波動、生意虧本、投資失敗以及其他類似的不愉快事情糾纏著。結果他們變得憂鬱、易怒、吝嗇、陰險和冷酷無情，雖然他們天生原有極好的性格。精神上的需要根本談不到。如果有人竟然這樣愚蠢，把自己的很大一部分時間用於學術研究或休息，那麼他就會遭到破產。爲了取得成就，必須把一切智力和體力全部用在這個値得吹噓和讚賞的目的上——賺錢。既然企業主的情況這樣，那麼受僱職員的情況又該怎麼樣呢？他們實在會羨慕田野中的野獸和空中的飛鳥。更不必談培養我們方才描寫過的道德品質了，這些人是世界上最受壓抑的奴隸。在批發業中他們一般要比在零售業中好一些；然而在那裏也有許多使沒有完全失去精神需要的人們感到厭惡的事情。但是零售商店中夥計的地位的確是值得同情的。

爲了僅夠使他們保持漂亮的儀表的微薄報酬，他們從清晨到深夜緊張地工作著，甚至經常工作到「陰暗的早晨把蒼白的光線照到這些可憐蟲更加蒼白的臉上」。

在這段時間中他們要做許多有趣的工作：裝飾櫥窗，在商品上貼標籤，站在櫃檯後面裝著笑臉招徠顧客，或者無事可做地走來走去。到了晚上，他們又得把早晨所做的一切重新收拾起來。這是多麼值得明智的人去做的偉大的工作！這是社會上多麼有用的人才！

和這個階級密切聯繫著的是另一個階級——女裁縫和她們的「幫傭」。後者甚至處在更加悲慘的處境：她們同樣很早就開始工作，很少休息，很少走動，經常得到的是最粗劣的食物，她們甚至沒有吃這種食物的充裕時間；她們這樣一直坐到早晨的最後一小時，直到這些不幸的犧牲者不能再繼續工作下去，因爲再工作下去就會損害她們最後的生命力。不夠熟悉這種手藝工作條件的人們，也許會認爲這樣的描寫是過甚其詞。然而事實確是這樣的。這裏所講的是眞情實況。

現在我們回過來談商店的夥計，他們的不幸（不是過錯）在於他們處在這樣的地位。爲了幫助他們能夠得到幸福和安寧，應當使他們有可能參加一兩次會議，討論討論自己的處境。讓他們好好地想一想，他們是怎樣的人，他們能夠成爲怎樣的人。只要能夠讓他們知道自己目前的實際處境就好了。他們想擺脫這種處境的努力將隨著他們的知識而增加。少數人做出了榜樣，許多人立刻仿效他們，這樣，那些目前屬於商店夥計這個沒有多大作用和意義的階級的人們，就將變成社會上明智的、有知識的、有用的人，變成像他們所呼吸的空氣一樣自由的人。

但是如果說不眞誠和奴隸狀態是伴隨現代商業制度而產生的罪惡，那麼，這種制度必然產生的冷酷無情比這種罪惡更要壞得多。

在使用資本方面的利益的競爭，本身就已足夠使人們消除一切善良的感情，使人們的性格變得比野獸更壞，使人們變成最無情的生物。

在我們國家裏找不到一個這樣的人，他的生活一點不依賴於商業，他在事業上沒有成千上萬個敵人。找尋工作的工人甚至在應當成爲他們朋友的人中也經常會遇到敵手：他能得到的工作可能被他的親友找去了。在各種企業中也充滿了這種罪惡。零售商、批發商、手工業者，每一個人都可能把在與自己相同的部門中工作的人當作敵人。乞丐也很清楚，如果他不需要跟無數競爭者競爭，那麼他的求乞就會更少遭到拒絕。這樣，人就成了人們普遍的敵人；人的本性叫他要愛人，現在卻只有讓別人倒下去，他才能得到勝利。一個人的毀滅成了另一個人的幸福。因此在人的心中就產生了妒忌、憎惡、怨恨、私仇，以及對別人的不幸漠不關心的感情。這些特性是目前制度必然的、不可避免的結果，而且——不管這是多麼奇怪和不可思議——我國有十一萬六千人（包括婦女和兒童）實際上都在互相效尤地來破壞幾乎爲一切社會規章所產生和培養的東西。目前的社會狀態幾乎在一切地方都適於在自私和博愛之間造成對立。你們這些加劇苦難的人們，你們這些願意改變不幸的果實而卻在培育著不幸的根源的人們，你們仔細地看一看這種情況吧！你們了解一下這種情況，把它剷除掉吧，如果那時候人們還會與自己的幸福相違抗，那麼再去責怪人類的天性吧！但是只要這種情況還存在著，要想期待幸福的到來，就好比等待雪地上的毬果開花一樣！

我們現在來談談下層階級。下層階級的貧困和退化是人盡皆知的，未必再需要敘述和說明。我們把這些都略去不談，而只是指出，只要目前的商業制度還存在著，那麼他們的地位是沒有希望改善的。我們只想指出目前愛爾蘭災情中的一些情況。下面是從倫敦委員會當時公布的一些信件中摘錄下來的引文，它應當盡可能時常提醒社會輿論的注意。

引文

「一萬六千兩百五十個居民中間，有七千人除五百五十三英鎊補助金以外，其餘什麼都沒有。這些挨餓的貧民人數是一個可怕的數字。由於不可能滿足大家的需要，因此每日都能看到慘不忍睹的赤貧景象。

這些人由於高傲的緣故，使貧困變得更加嚴重。有一個女人因爲不好意思說出自己的生活條件，便和自己的三個孩子一起餓死。許多人由於身體虛弱，在等待分糧的時候暈了過去。許多人認爲，如果沒有英國公眾的熱情支持，當地的捐款還不夠買棺材來收斂餓死的人。傷寒和痢疾非常猖獗。」（摘自博特的來信）

「我昨日向委員會報告了本教區各城市的調查結果。一千三百八十二人中有八百八十三人沒有任何生活的資源。許多家庭在長時期中每天只吃一頓，有些家庭只有幾個吃剩的馬鈴薯，還是去年藏在地裏的；許多人根本連一點食物都沒有。由於食物不足，有些人患了熱病。」（摘自拉特基爾的來信）

「我代表我的貧苦鄉親向你們表示衷心的感謝，由於你們仁慈地使我們擺脫了不可避免地遇到的饑餓。這種義舉使千萬饑民免於死亡。迄今爲止，他們靠著這個幾乎已經民窮財盡的國家的努力而生活著——這種努力大大地超過了捐款，因爲捐款已無能爲力。的確，到目前爲止少數人已經餓死，而街上遇到的面黃肌瘦的人們，可以證明他們離這個最後階段亦已不遠。有的人三天沒有吃過一塊麵包，僵臥在床上等死，但是只要有一點點的補助金就能使他們得救，他們會慢慢地恢復知覺的。」（摘自李斯托威爾的來信）

「送來救濟D.和F.兩教區的五十英鎊幾乎已全部用罄。再過幾天，三千人又將瀕於餓死。」（摘自羅斯科門的來信）

「沒有人比伊勃里坎居民更貧困的了。由於去年顆粒不收，剝奪了他們最必需的生活資源。他們只能靠吃草根和軟體動物等東西來苟延殘喘。他們每天集合數百人，去採集一頓少得可憐的午餐。看到這些貧病交迫的饑民，使人膽顫心驚。他們以感激的心情盼望各界人士慷慨捐助，在他們不幸的時刻救濟他們。」（摘自基拉爾尼的來信）

「如不立即救濟，兩千一百九十七人即將餓死。所剩糧食僅夠六、七天之需。」（摘自塔爾伯特的來信）

「K.教區的八千個居民中，有一半已在眞正地挨餓。呼籲救濟的人數與日俱增！不幸的是，教區內沒有一個富裕的人。」（摘自麥奧的來信）

「我無法描寫這些苦難的人們的可憐處境。許多人以草爲生，他們從二十或二十五英里以外的海邊把草背回來。在縉紳會議上我們募不到十英鎊：需要的錢數目很大。我還能添上五十英鎊。但這也無濟於事，因爲需要維持四千個不幸之人的生活到收穫期。」（摘自加爾維的來信）

「疾病和饑饉每日異常猖獗，據我看來，只有上帝的幫助才能拯救我一半的鄉親免於餓死。」（摘自科克的來信）

「再過幾天，這些可憐蟲將不能再做任何工作。有一個不幸的人前幾星期在街頭工作，星期六傍晚他還在工作——當他今天（星期一）早晨起來，想出去工作的時候，他感到疲憊無力，他躺在地上就死了。在博菲已死去四人。如果四肢腫脹、面色蒼白、臉頰瘦削、兩眼下陷是死亡的先兆，那麼死神不久將在這裏找到大批的犧牲者。過去我經常看到貧困，但在這以前我從來不知道什麼叫饑餓。」（摘自克利弗登的來信）

「我把自己親眼目睹的可怕事情向委員會做了詳細的敘述。要是不寄數千英鎊到麥奧和加爾維來，那麼全部居民都將死去。我在到卡斯爾巴去的路上，遇到一群餓得半死的男人、女人和孩子，他們在尋找能使他們免於餓死的一小把食物。」（摘自大主教秋姆的來信）

他的另一封來信：「我用我貧苦人民的話來對你們說：『上帝保佑你們的英國委員會。你們盡了一切的力量，來拯救我們免於餓死，』然而我怕這一切都無濟於事。你們忠誠的秋姆。」

我們毋需在這上面再補充什麼話，以便引起比這些簡單的報導所產生的更深刻的同情。我們只是要問，難道這一點還不夠使你們對我們制度中的嚴重缺陷引起懷疑嗎？我們要問，面對著這樣的事實難道我們還能永遠處在無知的迷夢中嗎？我們能用老一套的規矩經常來安慰自己，說「世界上的一切事情自然而然地都會有個結局」嗎？得到什麼樣的結局呢？顯然，至少有五十萬愛爾蘭人幾乎已經得到了自己的結局，而且我們覺得，如果我們不改變我們的行爲，那麼我們大家都能得到這種結局！我們能夠由於已經募到足夠的款項使愛爾蘭得以防止極端貧困而感到心安理得嗎？我們能把由於過去極端貧困的狀態而產生的罪愆歸於天命，並且確信目前的一切都已正常，而將來會更加好轉嗎？如果把我們不倦的注意力用於查明和消除這種貧困的原因，不是更正確嗎？我們不是應當以此爲目的，努力去尋找能糾正舊習慣和傳統觀點的新眞理嗎？如果在走向我們這個目的的道路上遇到什麼困難，我們能半途而廢嗎？相反的，我們不是應該以無窮的精力力求達到這一目的，不管困難和輿論如何，不達到目的永不甘休嗎？

進行這種嘗試，我們必須具有不屈不撓地走向目的地的精神，不管可能遇到什麼困難，都要懷著原有的堅強意志，力求達到目的。

愛爾蘭貧困的原因如下：從事生產勞動的愛爾蘭人和英國人一樣，由於分工的結果，註定都要替資本家工作。他們被剝奪了享有自己勞動產品的不可爭辯的當然權利。只要你們把這個權利給予他們，他們將不需要在他們暫時困難的時刻給予捐款，也不需要你們的軍隊在他們之間維持治安和應有的秩序。我們說：把他們有充分權利得到的東西給他們吧；他們所要的，只是應當屬於他們的東西。我們要說：不要從他們手裏奪取應當屬於他們的莊稼，不要再掠奪和壓迫他們，他們將永遠不會奢求你們的博愛，也永遠不會來破壞你們的安寧。然而徒然地叫富人不要壓迫，這不過是白白浪費時間和言語。我們要趕緊教會窮人，他們用什麼方法才能使自己得到所希望的、要求的和渴望的東西——他們的勞動產品！對他們說來，這個損失是任何東西都不能代替的。

愛爾蘭以及英國的貧困還擺在我們眼前。我們能想像這個問題會隨著時間而消失嗎？會永遠被人遺忘嗎？不能！我們不能對它置之不理。我們對我們為之而奮鬥的那些原則的價值知道得非常清楚，因此不能把它們忘掉。人們對這些原則的誤解不會繼續存在下去，既然它們不久即將為大家所理解，那麼那時候大家都會奉行這些原則。現在我們再從報刊上引述一些有關這個問題的簡訊。

下面是從一八二二年八月四日出版的一家週刊上摘錄下來的引文：

「不知道內情的人未必會相信，在大陸的各個地方住著十萬至十二萬五千英國和愛爾蘭的有產業者。許多城市都被他們住滿了。G.公爵、S.伯爵和F.伯爵在巴黎每年要花費自己的財產、更可能是國家的財產十萬英鎊，他們在將近兩萬個不同階級的英國居民中居於領導地位。」（《論僑民》）

這篇文章的其餘部分指出了所提到的人和他們居住的地方——這些細節對我們沒有意義。這些人不住在自己的莊園裏，被認爲是愛爾蘭人巨大不幸的原因，因此我們需要談一談。

現在請隨便哪一個人，隨便哪一個有時能考慮考慮問題的人，或者對人們的關係能稍微仔細地觀察一下的人，來看一下這個報導吧：首先看事實，然後看它的結果。

難道有人能得出這樣的論點，認爲人們不可以自由地到他們想去的任何地方去嗎？難道自然界存在著這樣的法則，使人們有義務必須留在他們的故鄉嗎？難道有這樣的理由，要求富裕的人（他們只是生活過得好一點）必須跟他們偶然在這裏第一次看到陽光的那一塊固定的土地結合在一起嗎？然而大自然的美和藝術的美卻是廣泛地分布在全世界的，他們看得愈多，想看的願望也就愈加強烈。難道在聖經上寫著「你必須住在祖先的國家裏」嗎？莫非這是良心對人們的要求？

如果離開祖國的習俗要受到指摘，那麼這些人實在太不知道人的本性了，他們主張：人們（他們永遠是愛自己的）在這個問題上不應當按照自己喜歡的那樣做，而要按照別人喜歡的那樣做。然而這種習俗在一切自然法的原則中都能找到辯解的理由，因此這方面的爭吵是多餘的，沒有意義的。

現在我們來看看這件事情的一些非常簡單的結果，這些結果是很容易說明的。愛爾蘭人首先把自己的勞動產品全部拿出去，以便能夠償付地租，他們從這產品中拿到的錢也要交出去。結果是很明白的。由於留給他們的一部分只夠維持他們的生活，因此一旦遇到歉收，他們實在就得餓死。這就是我們說明上述習俗沒有過錯和不應受到指摘的明顯結果。的確是這樣，我們有充分把握地肯定：沒有過錯和不應當受到指摘的習俗產生了巨大罪惡這個事實，不可爭辯地證明了罪惡的根源要深得多。我們至今把它看作原因的東西，只是另外一個原因的結果。

我們並不否認，爲特殊原因所引起的一些特定的事件可能構成例外，但是我們敢於提出下述論點作爲普遍的原則，甚至對大家都是重要的原則：一個人把自己的財產搬到世界的任何地方，他的這個舉動不可能對另一地方造成不公平。上面提到的那些人是依靠本質上不屬於他們的財產而生活的。他們的生活所依靠的財產，實際上應當屬於被環境勢力所掠奪的生產階級，他們賴以生活的財產是不屬於他們的。他們沒有創造這些財產，也沒有給予任何補償。請他們證明他們對這些財產有什麼權利吧！這就是造成貧困的原因。如果他們依靠眞正屬於他們自己的東西而生活，那麼他們不住在本國就根本不會造成危害。

一個調查過愛爾蘭貧民的就業情況並且因最近大災荒而受議會任命的委員會，在總結報告中說：作爲農村居民主食的馬鈴薯收成很壞，但是維持生活的其他食物並不缺乏。相反，穀物的收成根本夠吃，穀物和燕麥粉的價格十分平穩。從五月到八月這段時期中，從愛爾蘭某些歉收區運出的穀物爲數甚多，大大地超過了在這段時期中輸入的數量；而南部和西部的這些地區提供了一個獨特的範例：這些地區的居民忍受著貧困，而那裏卻有著多餘的食物。處在貧困壓迫下的農村居民那可嘉的忍耐心，在這裏受到了尊敬和讚揚。因此可以說，一八二二年災害的產生，在較小的程度上是由於缺乏食物，而在較大程度上是由於缺乏購買食物的相應手段，或者換句話說，是由於人們找不到有利的工作。

有一個在最近幾年中到過愛爾蘭善於觀察的蘇格蘭富農說，農村大部分居民生活的貧困程度，是他過去所想像不到的，因爲不可能設想人們竟能在這樣簡陋的環境中過日子。在他們的板屋裏未必有任何可以稱爲傢俱的東西。有些家庭裏沒有被子；農民們給我看蕨菜和一堆乾草，他們就是穿著工作服睡在這堆乾草上的。他們把吃馬鈴薯看作是一種極大的享受。大部分人只能喝水。

「這個聲明得到受委員會調查過的許多熟知情況的人的證實。他們的敘述不僅與大部分愛爾蘭農村居民的這種淒慘的景況是一致的，而且他們還認爲這種情況是由於居民遭到普遍失業而造成的。經調查證實，國內有些地區有一半居民沒有工資收入，有些地區的比例還要大些。所有受到查問的熟知情況的人一致認爲，農村居民的不安心理和破壞治安的現象在很大程度上是由於這個原因而產生的。在亞麻工業發達的克洛奈基爾特和約克郡，從現在掌握的資料來看，秩序已經安定。在大規模生產紗線和出產亞麻的麥奧郡，社會治安沒有遭到破壞。克里郡的一個男爵領地是最平安無事的；那裏是工廠手工業非常發達的唯一一個地方。沃特弗德鄰近地區一點也沒有不安的跡象，因為那裏的農村居民有著固定的勞動市場。相反，在科克地區由於大部分居民都沒有工作，不久以前發生了非常可怕的破壞法律之行為，在很大程度上侵犯了所有權，恰巧委員會從一個傑出的土木工程師那裏獲悉了關於這些地區的情況，它給了居民許多開築新路的工作，很快地就使國內的局勢平靜下來。做這個報告的委員自己又補充了一句：『要是工程能夠大大地擴大，那麼它相信，居民就會停止發生騷亂。』如果除此以外更注意一下亞麻工業占優勢的愛爾蘭北部地方，那裏與南部地區淒慘的境況相反，情況比較好和安靜，那麼委員會就必須承認，就業與和平之間，缺乏有益的工作與騷亂之間，有著直接的聯繫。」

「委員會持有這樣的意見，認為人民非常關心工作問題。南部和西部的農村居民為了尋找工作，在一年中有一定的時間要離開自己的住所。一八一九年被委員會查問過的土木工程師寧莫先生說，克利郡的成千上百個農民為了每天得到四便士的工資，都願意到鄰近的利默里克郡去當雇傭工人；委員會的一個委員指出，他知道克利郡有許多農民為了找尋工作而離開了自己的故鄉，同時不管怎樣低的工資，甚至每天兩便士——簡單地說，只要足夠給自己購買食物，以便在今後的二十四小時內能夠繼續生存，他們就什麼工作都願意做。大家都知道，在農民們能夠找到包工工作的時候，他們都工作得精疲力盡，戕害了自己的健康。愛爾蘭西南部被大西洋環繞的那些半島上的居民，把海藻和石灰從海岸運送到深入國內數英里的地方。在山嶺陡峭而沒有鋪好道路的地方，農民們用肩扛著這些肥料走兩三英里。因此委員會感到自己有權做出結論，認為愛爾蘭的農民一般都並不遊手好閒和懶惰，而是非常願意得到工作。」

不幸的愛爾蘭的情況就是這樣的。

委員會接著還告訴我們，「在向它建議的許多方案中間，羅伯特．歐文從紐拉拿克寄來的方案引起了輿論很大的注意，因此需要做專門的審查。關於這個方案大家談了很久，它在愛爾蘭引起了很大的興趣，因此委員會認為自己有責任對它進行詳細的研究，並清楚地分析它所根據的那些原則的意圖。」經過詳細研究以後的結果，這個方案沒有被採納。委員會「很願意重視良好教育和從小養成循規蹈矩習慣的成就，但必須在這樣的條件下：即要有某種環境使人們能夠擺脫他們的欲望和弱點，以便他們能夠接受這些本身正確的原則；這是難以預見到的結果」。

討論這些委員會的意見並不是我們這裏的任務，不過我們既然引用了這種主張，就不能不簡單地給予回答：要麼就是他們根本不知道歐文先生的計畫，要麼就是他們對他的計畫故意作出不正確的敘述。歐文的計畫的最重要特點，在商業方面是要消除目前限制生產的情況，把生產者創造的財富給予生產者本人。在這方面，他的計畫跟教育或從小養成循規蹈矩的習慣毫無共同之處。它跟人們擺脫欲望和謬誤毫無共同之處。這裏所講的，只是應當根據合作制原則給予人們工作。而當人們在這個原則上取得工作以前，亟須擺脫自己的欲望和謬誤，以便任何人不管在聯合王國的哪一個地區，不管他跟王國政府有怎樣的關係，都能按照這個原則辦事，至於工作本身的差別是非常多的，人們甚至無法完全知道。

除了合作制原則以外，不可能有任何別的原則能夠給予大家不受限制的就業。上面引述的對愛爾蘭貧困起源的看法是很糟糕的；同樣糟糕的是，從上面的說明中可以看出，在目前的商業制度下，不幸的愛爾蘭人沒有得到、也不可能得到任何的保障。

如果我們看一下愛爾蘭的現狀，那麼我們對於幾乎在每一期週刊上，在《可怕的事件》、《野蠻的兇手》、《惡毒的暴行》等標題下看到的描寫，就不會感到任何的驚奇。可驚奇的倒是這樣的事件太少了！

現在我們來談談本題中的一個重要部分。這篇文章的前面已經證明，由於目前的社會制度，生產階級喪失了自己五分之四的勞動產品。

現在我們要問，社會的下層階級的地位將會怎樣？那些爲了找到工作而不惜從事一切冒險舉動的人們之地位將會怎樣？對於那些只有依靠富人的慈悲才能免於餓死的人，人類的頭腦能想出什麼方法來維持他們的生活呢？我們要問，下層階級一旦能夠找到一種方法，它的地位將會變得怎樣——爲了什麼？要創造怎樣的奇蹟？赫拉克勒斯[5]的勳業嗎？不！只是要讓有益的工人本身有可能使用他們創造的財產，使他們有可能把自己不需要的部分勞動產品去調換對他們適用的等價東西——同時從他們那裏只扣除必需用於抵補管理、領導、監督和分配工作的費用。這就是我們所盼望的改革。改革必須這樣開始：不實現這個原則，任何其他的改革都一文不值；這個改革的最初成績將是：由於人們的勞動使財富增加的結果，社會上的勞工階級會直接處在比現在的上層商人階級更好的地位！我們保證（不怕反駁，也不怕那些慣於對超出他們狹隘眼界的一

5 希臘神話中的英雄，曾建立殺死九頭水蛇等十二大勳業。——譯注

切東西加以譏笑的人們之諷刺），那時候英國的勞動生產力將達到這樣的高度，每一個人，甚至在英國土地上混日子的最貧窮的乞丐，都能直接擁有大部分生活必需品，而且生活過得十分愉快，像一八一二年（參閱第三十九頁的圖表）一個包括僕人在內的十口之家有四百英鎊的收入一樣。爲了取得這些收入，他一天只需要從事數小時有益的適度工作。這不會成爲他的負擔，卻能使他的身體強壯起來，並且使工作完畢以後合理的娛樂變得更加愉快。

這不是狂熱的幻想，而是明顯的、簡單的事實，像二二得四一樣明白。上面引述的（參閱第三十九頁圖表）每一個男人、每一個婦女和每一個兒童的收入是十一英鎊，他們的勞動（包括一切有益勞動和無益勞動）產品是五十四英鎊，其中給國家的四分之一的產品已經扣除，充作政府的支出和企業的管理費。

現在我們要問：如果能夠使勞工階級達到這樣的地位——這不僅可能，而且是很容易的——那麼我們所處的世界將會變得怎樣呢？我們晚上躺在床上睡覺的時候，還需要把武器放在身旁，以防半夜裏有人搶劫嗎？到那時候，我們的街道上還會充滿小偷，我們的監獄裏還會充滿騙子嗎？還會有人求乞和有人佈施嗎？總而言之，還可能假定有人會採取各種犯罪和暴力的手段，費極大的困難和冒著生命的危險來取得財產嗎？這種財產只要他們參加工作就能毫不費力地得到，而且工作不僅能給予他們財富，還能給予他們樂趣。我們的回答是：人們的幸福掌握在他們自己手中，但不是在個別人的手中，而是在集體手中。我們的回答是：在使用財產和分配勞動產品中人們利益的對立是一切貧困的原因。我們的回答是：利益的一致能消除一切貧困及其許多後果，而這些後果加在一起，會使人類失去能使生活變得有價值的一切東西。我們的回答是：在實現這個原則的道路上沒有任何不可克服的困難，相反，人類的任何力量都不能阻止它的實行，或者甚至推遲它的到來。

競爭是生產的界限

在做了上面的說明以後，也許可能會感到，似乎現在我們已經把本題的絕大部分講完了，似乎我們在不背離眞理的情況下已經盡可能地描繪了新計畫的許多有利競爭是生產的界限方面。然而這種猜測是不正確的。我們不僅沒有用足夠鮮明的色彩來描繪合作制的種種好處，而且甚至至今還沒有對它做正確的說明！當然，我們所主張的原則能夠使生產階級的收入至少增加三倍，這是一個重要的眞理。然而這個眞理不管怎樣重要，從這裏得出的利益不管怎樣巨大，跟那個還有待於詳細闡述的眞理比起來，就顯得微不足道了。後者的利益眞是無法形容的！

到目前爲止，我們對我們所能達到的利益只做過一些膚淺的說明。我們要把我們的注意力放在一個最重要的眞理上，這個眞理過去人們曾把它看作是關於人們生活條件的問題，這個眞理是新制度與舊制度之間無法形容的巨大區別的基礎，這個眞理會向所有願意明白它的人指出幾乎對我們周圍一切事物的完全新看法。

如果有什麼東西能夠在什麼時候引起普遍的驚奇，成爲大家熱心研究的物件，激起全人類的毅力，號召他們一起努力來擺脫周圍的貧困，如果有什麼東西能夠在什麼時候做到這一點，那麼這就是下面的那種情況：「我國和其他許多國家的居民失去了生活中必需的和令人愜意的許多東西，這些東西也就是所謂財富。許多人對這些東西只能得到極少的數量，而且要費九牛二虎之力，用巨大的勞動和努力才能得到。另外一些擁有這些東西的人，卻經常害怕由於他們控制不住的情況而重新失去它們。然而無可爭辯的是，所有這些人依靠他們擁有的巨大機械力，能夠用自己的勞力創造出幾乎無限的生活上必需的和令人愜意的東西——

絕對能夠創造出完全滿足該社會每一個成員需要的那樣多的東西。」

如果這是正確的話（誰能懷疑這一點？），那麼毫無疑問，大自然並沒有提供使有些人遭到貧困的任何理由。因此有這麼許多人遭到貧困的原因，應當在社會制度中找尋：這一點把我們引向我們在上面提到過的那個重要眞理，即現在存在著違反自然的生產界限。

在有工作能力和勞動熱情的居民階級間，貧困的明顯原因或許是人們不能得到任何工作，或者是雖然找到工作而工資不足以使他們擺脫貧困。但是這兩個原因都是結果。由於現在資本家之間互相進行競爭，而並不是聯合起來工作，這樣，他們帶給社會的就不是他們所能給予的最大利益，而是他們採用的方法一般所能給予的最小利益，這種情況就是上面第一個原因的結果。這種情況所產生的第二個禍害是：社會制度從生產階級手中奪取了他們絕大部分的勞動產品，而不是僅僅拿取少量必需用以抵補事業領導、一般監督、分配和管理方面支出的勞動產品，而且所有從事上述工作的人顯然都是非生產工作者，或者換句話說，雖然在人數適當的情況下他們也是社會上有益的和必需的成員，但是他們並不創造他們所消費的東西，因而不得不依靠那些用自己的勞力創造財富的人們之勤勞而生活。

上面的第一種情況會製造出non plus ultra（極端的）貧困。第二種情況只產生較小的後果，它迫使人類中最有益的成員必須無止境地勞動和受苦。這一點我們已經做了說明。我們指出社會制度從生產階級手中奪取了他們五分之四的勞動產品，以及它是用什麼方法奪取的。現在我們要來說明資本家之間互相競爭而不是聯合起來工作的情況。其原因是在目前的社會狀態下，人們在使用資本和分配勞動產品方面的利益是不一致的——這裏我們已經開始接觸到禍害的根源。這種情況把一切時代和一切民族都引入迷途。它使地球上充滿了貧困，阻撓著要使人類變得高尚和幸福的一切意圖。只要消除這種情況，就能從世界上徹底消滅貧困及其一切有破壞性的後果！

現在我們來試著說明這種違反自然的生產界限。

國家的年度收入，換句話說，也就是人民每年用勞動創造的財富總量，永遠存在著兩個自然的界限。這就是我們生產力的充分使用和我們的需要得到滿足。

這個眞理是很清楚的。很明顯，在第一種情況下，如果國家的勞動力和我們掌握的機械力得到充分的使用，那麼國家的財富會達到它的最高點。同樣也很明顯，如果我們擁有我們所期望的巨大財富，那麼我們就不再注意去創造更多的財富。

如果除了這兩種自然的界限以外不再存在其他的生產界限，那就太好了。然而不幸的是我們提出了第三種界限，這第三種界限就是競爭。我們盡力設法來說明競爭是生產的界限。

1.在目前的社會狀態下，生產是受需求限制的。

消費者通常從零售商那裏購買商品，零售商批購的商品數量永遠是被他指望能賣掉的數量所決定的，換句話說，也就是他放在店裏等待需求的數量所決定的。人們在生產商品的時候，同樣也受到這個原則的支配。工廠老闆們並不考慮，生產多少布匹才能滿足人們的需要。他們不去查明一年中全人類需要多少衣服，以及做這些衣服需要多少布匹。他們也很少問自己，他們能生產多少布匹。他們要問的一切，他們想知道的一切，只是他們能夠有利地賣掉多少布匹，商店能向顧客供應多少數量，換句話說，也就是對布匹的可能需求量有多大。生產是受這個因素而且只是受這個因素調節的。如果生產的數量比需求的數量大，那麼他們就說，市場上商品過剩；如果生產的數量比需求的數量小，那麼他們就說，市場上供應不足。而對滿足消費者的需要和擴大生產力則毫不加以注意！

2.既然生產是受需求限制的，那麼就產生了下面的一個問題：

「需求是受什麼調節的？」

我們回答：需求是由整個國家依靠勞動、服務和財產所能支配的財富總量構成的。這個總量是由許多個人依靠勞動、服務或財產所能支配的數量構成的。

這差不多是不言而喻的，因爲大家一定都很明白，一個只依靠自己的勞力生活的人，不能得到超過他的勞動收入的購買能力的財富；任何一個商人，任何一個只依靠自己個人的能力或智力生活的其他非生產者，都不能得到超過他們的服務收入的購買能力的財富；任何一個社會獨立階級的成員都不能得到超過他們的財產支配能力的財富。

因此，需求顯然是由這些財富的總數構成的，即：生產階級的勞動收入所能支配的財富數量，不獨立的非生產階級的服務收入所能支配的財富的數量，以及獨立階級的財產所能支配的財富數量。尚未獲得解決的唯一的問題是：「每一個個人得到財富的數量是受什麼限制的？」我們回答如下：

3. 個人的勞動收入、服務收入或財產所能支配的財富數量，是受人們之間的競爭限制的。

競爭決定著生產階級所得到的財富數量。他們之間的那些雖然一直等待著工作而還沒有找到任何工作的人，在個人競爭的制度下，總是會把他們全體所取得的產品減縮到恰巧足夠使他們維持體力和在業務上繼續競爭的部分。如果這些階級什麼時候想超過這種水準，那麼他們只能把希望寄託在別的東西上，而這種東西在商業按照目前的原則進行的情況下，他們在隨便多長的時間內從來都不可能得到的。

競爭決定著商人階級所得到的財富數量。每一個商人的貧或富，要看他在事業上的努力能讓他支配大量還是少量的舒適和享受的物品而定；這總是由他在買賣中得到的收入多寡所決定的。收入是受競爭限制的，這一點未必需要證明。如果商人按照生產成本出售一切商品，那麼他就根本不會有任何收入，然而競爭愈劇烈，每一個商人就愈要使售價接近生產成本，這是具有決定意義的證明。

那些有房租或利息收入的人，在出租房屋或放高利貸的時候就是企業家，他們所取得供自己消費的財富數量，也是受競爭限制的。

這樣，競爭限制著個人取得的財富範圍。個人取得的數量綜合起來構成社會取得的總量；這個總量構成需求，而需求則限制著生產。

如果正確地明白這一點，那麼大家都會相信，生產力的充分使用和需要得到滿足是生產的兩個僅有的自然界限。

只要資本家之間繼續相互競爭而不聯合起來工作，我們就永遠不能充分使用我們的生產力和完全滿足我們的需要，因爲生產將永遠受到人類的勞動收入、服務收入或財產所能支配的產品數量的限制。

生產階級得到的財富數量，是他們的勞動所能得到的最小數量。工人不能取得比現在大一倍的數量，這原因是：如果他一個人要求這樣做，並且拒絕爲很少的數量而工作，那麼他就會失業，因爲別人會同意按現在的數量做同樣的工作，換句話說，別人會和他競爭。

商人階級得到的財產數量，是他們的服務可能得到的最小數量。商人不能取得比現在大一倍的數量，這原因是：如果他一個人要求這樣做，也就是說，如果他一個人要求把自己的買賣收入增加一倍，並且拒絕以較小的利潤出售自己的商品，那麼他就會做不到生意，因爲別人會以一般的利潤向公眾供應同樣的商品，也就是說，他們會和他競爭。

債主和房東得到的財富，是他們靠放高利貸和出租房屋可能得到的最小數量。這一類資本家不能得到雙倍的數量，原因在於：如果他一個人要求索取雙倍的房租或利息，拒絕以較小的報酬出租或借貸，那麼他就會從做這一行的人們中被排擠出去，因爲別人願意按照目前的報酬出租或借貸，也就是說，他們會和他競爭。

因此，除了那些有固定收入的人以外，每一個個人的收入以及社會的收入都是受競爭限制的，每一個人只能得到他依靠勞動、服務、出租或借貸所能得到的最小數量。由於競爭迫使人們只能在非常有限的程度內享用使人舒適和快樂的生活用品（如果考慮到我們能夠生產更多更多的東西，那麼這的確是有限的），因此我們生產這些必需用品的能力的提高，不可能引起對奢侈品的需求相應增長。相反，奢侈品的獲得只會伴隨著越來越大的困難，因爲由於競爭的結果，容許大多數人享用的一切東西，只要少數人就能夠生產出來；這樣，由於爭奪工作的鬥爭加劇，競爭也將更加激烈。

由此可見，一切階級用競爭的方法所能取得的食物、衣服、住所以及其他奢侈品的總量，構成了目前對產品的人爲需求。因爲如果一個資本家對這種需求的增長估計過高或者計算得不正確，向市場提供了超過需求的大量商品（也就是超過在競爭的限制下，容許社會各階層作爲補償自己的勞動、服務或財產而拿到的財產數量），那麼他就只能降低這種商品的價格，因而他就會在爲取得利潤而進行的投資事業中虧本。

這樣，在目前的社會狀態下，競爭就成了生產的界限，因爲在長時間中資本家從來都不會爲虧本而生產商品，而且將來也不會爲虧本而生產商品的：如果在滿足我們的需要和充分使用生產力方面他們已經生產得足夠了，那麼這樣的情況必然會發生。

因此，在個人競爭制度的統治下，不管工人可能變得怎樣貧困，不管商人和工廠老闆的處境會怎樣困難，不管地主多麼不容易收到自己的地租，人們對此都是漠不關心的。問題並不在於人們能夠創造多少財富。即使在機器和其他生產力的幫助下他們已有足夠的勞動力，以便使社會變得富裕起來，他們所生產的數量通常還是不能超過在競爭的限制下所容許他們消費的數量，哪怕這數量遠沒有滿足需要。

英國目前的實際情況正是這樣！它的居民有力量，他們能夠用這種力量不受任何限制地創造財富，然而一半居民卻處在異常貧困的境地。

在受競爭支配的一切社會裏，經常總有一批失業者。當一個工人處在這樣的地位，他就自然而然地產生這樣的問題：「我怎樣生活？」他不是向教會領取補助金，便是把另外一個在職工人排擠掉。教會的補助金只能使他不至於餓死。有職業的工人也許能得到相當報酬。但自然，他們是以較低的工資得到工作的：把生產階級的收入降低到最低水準，也就是降低到僅夠維持生活和傳宗接代，這是競爭的必然結果。

這個論證同樣適用於商人階級。如果有人看到，某人在他的事業中能得到極大的好處，那麼馬上就會出現競爭者起來和他對抗。接著兩者都試圖把自己的東西賣得便宜些，結果雙方都必須限制自己的支出，限制自己的生活必需品，使自己只能得到很少的快樂和滿足。這樣，競爭使人類註定要永遠勞動，而它的報酬則是奴隸般的生活！

但是在這方面還應當指出一點。經常有人對我們說，似乎我們已經生產了超出我們所需要的東西。這是一個多麼愚蠢的謬誤！提出這一類見解的人應當首先仔細地想一想自己所說的意思。他說我們有著超出我們所需要的產品，他指的應該是我們有著超出需求的產品。要在每一個人都擁有他心中想得到的一切的時候，而且只有在那個時候，這才能說我們已經生產了超出我們所需要的一切東西。然而目前的社會是跟這一點完全背道而馳的！請看看其他一些可憐人吧，他們有成千上萬人在挨餓，穿著破衣爛衫，無家可歸，到處流浪，去問問他們吧，他們有沒有足夠的財富。你們這些過著奢華生活且飲酒作樂的人們，請你們到工廠區去看看創造你們財富的可憐生產者吧，去問問他們是不是已經有了超出他們需要的東西。以後你們對我們講什麼生產過剩，就會羞得面紅耳赤！我們現在有著超出需求的產品，而且超出了許許多多：但是如果消除了我們上面指出的原因，那麼需求甚至會跟生產一樣成千倍地增長。

因此，競爭而且只有競爭這一個因素，限制著國家的年度收入。它產生貧窮，把人們拖入悲慘的境地，使他們從童年起就備嘗艱苦。人們爲貧窮所迫鋌而走險，這原因也是競爭所產生的。由於在使用資本和分配勞動產品上人們利益的對立必然會產生競爭，因此只有徹底改革商業制度才有可能使人們得到重大的福利。我們在這裏詳細地談一下，向一切明智的人證實這些原理。我們要向一切階級、一切社團、一切黨派請教：在使用資本方面的競爭是不是限制著生產？生活福利是不是人類的勞動創造的？對這些福利是不是經常只能存在兩種界限：我們生產力的充分使用和我們的需要得到滿足？我們目前不是由這兩種界限支配的，情況是不是這樣？社會制度不是創造了第三種界限嗎？它的名稱不是叫競爭嗎？如果這是正確的，那麼什麼時候存在過對社會的商業利益具有這樣作用的眞理呢？商業的目的不是在於獲得財富嗎？這不是大家或者幾乎我們所有人的主要工作嗎？我們不是懷著難以滿足的渴望努力要去取得財富嗎？我們不是把我們主要的智力和體力都用於追求這種財富嗎？那麼就讓生產的這個第三種界限被剷除掉吧！這樣，一切可以稱作財富的東西立刻就能爲大家所有：因爲那時候我們有多少能力生產，就會擁有多少財富！你們要計算計算財富有多少，是不可能的。因爲每星期，每一期技術雜誌都會帶來新的發明，在新的制度下，這種發明的好處，無異是被他們積存起來的勞動。

但是能不能夠剷除這個界限呢？我們回答是，在任何時候都能把它消除掉，不會遇到一點困難，不需花費多大力氣，而且對任何一個人都不會有一點眞正的不公平。

我國的執政者在短短的幾年內就能消除這個界限以及一切貧困的災害。我國的執政者應該這樣做，因爲保存這個界限會使人們受苦、流血，以及做出無數的犯罪行爲。他們如果早這樣做，早實行這種巨大的改革，那就好了：那時候他們就能爲自己建立這樣的功績——他們能爲整個文明世界樹立榜樣，人們會異常迅速地仿效他們！因爲我國的執政者反正沒有力量阻擋眞正的發展！他們作爲明智的人，不能指望能阻擋它，而且即使他們希望這樣做，也無異於妄想一手抓住太陽，一手抓住月亮一樣。如果他們不實行這種改革，而且不立即實行，那麼老百姓就會來實現它！

眞理的太陽將把自己的光芒照亮不幸的群衆，這日子已經不遠了。群衆現在還忍耐地戴著自己的鎖鏈，因爲他們不知道陽光將從哪兒照來，不知道怎樣才能獲得解放，因爲大家都過著奴隸般的生活。每一個人都看到別人是自己的難友，並且高聲說：「是的，這是不人道的！」但是只要向他們指出自由的方向，給他們說明人類幸福的概念，對他們說，他們能夠達到這一點，並且向他們證明這一點，那麼他們就會不再戴著自己的鎖鏈過奴隸般的生活了！太陽還沒有升起來，但是已經漸漸地看到它的光芒：黎明到來了，不需要經過二十年，這陽光的巨大作用將使人類生活發生空前未有的大變化。

總的說來，我們是要說明社會的目前狀態。我們要說明財富是誰創造的，它被誰享用著。我們要說明每一種財富都來自人類的勞動，生產階級目前不僅養活自己，而且還養活了社會上的一切非生產者：而社會上的生產者只是這樣一些人，他們用自己的雙手翻耕土地，或者對土地的產品進行加工或使之適用於生活的目的；每一個不從事這種事情的人都是對從事這種工作的人所收的一種直接稅；所有的企業家、工廠老闆、批發商、零售商以及他們的店員、助手和夥計（我們不提過著浪費生活的許多階級，他們甚至不想做任何有益的工作），他們或者是生產的領導者或高級監工，或者是向生產者支付酬勞的普通的財富分配者，這些人中間只有一部分數量是有用的，因爲有這一部分人從事領導、監督以及分配勞動產品的工作已經足夠了。

我們要說明，國家的實際收入是由國民每年用勞動創造的財富數量構成的，這種收入被人用地租、房租、利息和利潤的手段從生產者手中奪去了；利潤是爲用一種價格購買生產者的產品，而又用另一種價格出售這種產品的人所得。接著我們說明，只要個人競爭的制度存在著，那麼這些以地租、利息和從別人的產品中得到利潤的形式表現出來的巨大賦稅必然也會保存下來，而在新的社會裏，大家都會成爲生產者，只有爲非生產工作所必需的那些人作爲例外，但他們同樣也把自己的時間和才能貢獻給公共福利事業，任何人的工作都不會被人用地租、利息或利潤的形式所徵稅。

我們認爲，大家都一定明白，許多階級現在過著貧困的生活（在中產階級走向沒落，而上層階級卻沉湎在奢華生活裏的時候），而將來他們只要花比現在少得多的勞動，專門用於他們本身的利益，他們就能夠使自己得到使生活舒適的一切東西，永遠不會再產生困苦和貧窮的概念。毫無疑問，他們不僅能夠因此而享受到那些只消費而不生產的人們目前所得到的一切東西，而且還能夠消除人類一切錯誤中最大的錯誤——生產的界限！我們的制度之威力和可實現性就在這裏：它的威力在於把財富生產者的地位提到不可比擬的高度，這是用其他的方法所無法達到的。因爲他們只要做些不吃力的少量工作，而所得到的好處將比他們現在用極大的工作量和操心所取得的報酬大四倍。這就會促使一切貧苦的工人加入我們的公社；所有其餘的階級，從最上層階級到下層階級，都將不得不效法這個榜樣，這還需要說嗎？而我們的制度之可實現性在於它很容易實行，甚至一筆很小的錢就能發動那樣強大的力量，這種力量，根據我們指出的原因，甚至在不大的範圍內適當地使用也是任何東西不能抗拒的！

因此很明顯，目前的社會制度和它所追求的目的是最可悲地不相適應。它的目的是增進人類的幸福，而它的結果則是使人們經常遭到貧困。

如果我們的話在有些地方說得太嚴重了，我們對這一點表示抱歉；然而問題要求我們做大膽的說明，我們將永遠保持這種態度。我們重視別人的賞識，但是我們更重視眞理和人類的幸福。

將來我還要盡力說明建立在國家資本基礎上的另外一個制度的計畫，依靠這種制度的實行，我們生產力的充分使用和我們的需要得到滿足就會是我們財富的僅有兩個界限。這裏所談到的計畫，和歐文先生的計畫截然不同，但是我希望它將是有益的，它會向全世界證明，利益的一致跟個性和跟財產的差別完全是並行不悖的。在像現在那樣的時期，我毫不猶豫地肯定說，社會已經處在永遠取消它擬以進行貿易的那些原則的前夜；同一個基本原則不可能向公眾提出過多的不同說法，因爲每一種不同的說法一般總得具有某種有益的東西！